毎日声に出してみる

ドイツ語ひとりごと

HJ クナウプ
Hans-Joachim Knaup

森泉
Mori Izumi

ベレ出版

「ひとりごと」のすすめ

ドイツ語を学び始めたばかりです。単語を覚えたり、テキストを読んだりするだけではちょっと物足りない感じでした。「ドイツ語ひとりごと」に出会って、音声を聞きながら、自分の気持ちを気軽にドイツ語で言ってみるようになりました。なんだか、語学が楽しくなった感じ。とてもいいです。

ドイツ語の文章は読めるし、文法もわかっていますが、会話するのはちょっと苦手でした。自分の気持ちをうまく伝えられなかったからです。でも「ドイツ語ひとりごと」で話す能力がワンランクアップ。ドイツ語世界が身近に感じられるようになりました。

この本にのっている表現はとてもシンプル。

 「ひとりごと」だから、覚えやすい！

自然なフレーズがいっぱい！

 気軽に言えるのはとてもいい。

こんな時、こんな風に言うんだ！とわかって面白い！

これ！という表現を見つけてすぐに使いたい。

なんども口にしていると、自然に身につく感じ。

音声は早さが選べるし、各フレーズを単独で聴けるから。

初心者は、スローの音声を聴きながら、マイペースで繰り返せるのがうれしい。

ドイツ語の発音に慣れたら、「ナチュラル」と「フレーズごと」の音声で自然なテンポに！

最初の3つのフレーズは、ちょっと「対話」っぽくていい感じ。

わかりにくい表現には、「直訳」もついてて納得！

MEMOにも面白い話題が満載！

声に出さないと「ひとりごと」にはならないからね。

Genau!（その通り！）

この本の特徴

○ **初心者から中級レベル**まで使える**「ひとりごと」**を集めてみました。

○ **86の場面**に1233の「ひとりごと」が収まっています。

○ 日常生活に登場する便利な単語が**1800以上。**

○ **短く、発音しやすいフレーズ。**

○ **ドイツ語特有の表現**には、**直訳**も添えてあります。

○ **3種類**のダウンロード可能な音声ファイル。

1	NATURAL	ナチュラルスピードで各場面のフレーズを順番に全て収録
2	SINGLE	各フレーズをナチュラルスピードで収録。単独再生可
3	SLOW	スロースピードでフレーズを全て収録。

―――(凡 例)―――

→	関連情報	neu = *new* （イタリックは英語）	
⇄	似た単語・表現	e（die）	女性名詞
↔	対義語・表現	r（der）	男性名詞
[ ]	省略可	s（das）	中性名詞
< >	バリエーション	d（die）	複数形名詞
【 】	言葉の特徴	ab|schalten	分離動詞

INDEX

SZENE

1 一日の流れの中で

SZENE
家庭生活 2

SZENE
3 社会生活

SZENE 4 健康・医療・環境

教育・文化 SZENE 5

SZENE

気持ち・感情の表現 7

ダウンロード音声について

本書には3種類の音声データがあります。

1 NATURAL　ナチュラルスピードで各場面のフレーズを順番に全て収録

2 SINGLE　　各フレーズをナチュラルスピードで収録。単独再生可

3 SLOW　　　スロースピードでフレーズを全て収録

① パソコンで「ベレ出版」サイト内『毎日声に出してみる ドイツ語ひとりごと』の詳細ページへ。「音声ダウンロード」ボタンをクリック。

（URL は https://www.beret.co.jp/book/47230）

② 8ケタのコードを入力してダウンロード。

8ケタコード　　7 D u G e D n C

* ダウンロードされた音声はMP3形式となります。zip ファイルで圧縮された状態となっておりますので、解凍してからお使いください。

* zip ファイルの解凍方法、MP3携帯プレーヤーへのファイル転送方法、パソコン、ソフトなどの操作方法については、メーカー等にお問い合わせいただくか、取り扱い説明書をご参照ください。小社での対応はできかねますこと、ご理解ください。

スマートフォン、タブレットで音声をダウンロードする場合

ご利用の場合は、下記のQRコードまたはURLよりスマホにアプリをダウンロードしてください。

https://www.abceed.com
abceedは株式会社Globeeの商品です。

* 以上のサービスは予告なく終了する場合がございます。

☞ 音声の権利・利用については小社サイト内「よくある質問」にてご確認ください。

音声について

DEUTSCH.Zipというフォルダーがダウンロードされます。これを解凍すると **DEUTSCH** というフォルダが現れます。このフォルダーを開くと、中には次の3つのサブフォルダが出てきます。

1 NATURAL　　　**2** SINGLE　　　**3** SLOW

1 NATURAL **3** SLOW のフォルダーには、**各場面 (01〜86) のファイル**が含まれています。

2 SINGLE の場合は、**場面ごとのサブフォルダー**の中に各フレーズのファイルが入っています。

例えば **「01 まずは自分自身にエールを送る」** のCを聴きたいときは、次のようにアクセス（クリック）します。

1) フォルダー　SINGLE
   をクリックしてから、

2) サブフォルダー　SINGLE 01
   に進んで、

3) 01_C
   を選びます。

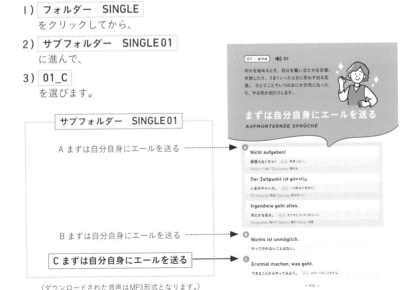

サブフォルダー　SINGLE 01

A まずは自分自身にエールを送る ·········

B まずは自分自身にエールを送る ·········

C まずは自分自身にエールを送る

（ダウンロードされた音声はMP3形式となります。）

何かを始めるとき、自分を奮い立たせる言葉、
失敗したり、うまくいったときに思わず出る言
葉。 ひとりごとでいつのまにか元気になった
り、やる気が出たりします。

まずは自分自身にエールを送る

AUFMUNTERNDE SPRÜCHE

A

Nicht aufgeben!

頑張らなくちゃ！ 直訳 降参しない。

□nicht = *not* □auf|geben 諦める

Der Zeitpunkt ist günstig.

いまがチャンス。 直訳 この時点が有利だ。

□r Zeitpunkt 時点 □günstig 具合がいい

Irgendwie geht alles.

何とかなるさ。 直訳 全てがどうにかうまくいく。

□irgendwie 何とか □gehen 進む □alles 全部

B

Nichts ist unmöglich.

やってやれないことはない。

C

Erstmal machen, was geht.

できることからやってみよう。 直訳 まずいけることをする。

D

Läuft [wie geschmiert]!

順調、順調！　直訳 ［油を差したように］はかどっている！

E

Morgen ist auch noch ein Tag.

明日もあるさ。　直訳 明日もまた一日がある。

F

Ziel im Auge behalten. ★1

目標からブレない。　直訳 目標を見据える。

G

Nicht immer rückwärts schauen.

後ろばかり見ない。　直訳 いつも後ろを見ない。

H

Träume werden wahr.

夢は叶う。　直訳 夢は本当になる。

I

[Ich] Muss mich wirklich loben!

自分をほめてあげたい！　直訳 本当に自分をほめざるを得ない。

J

Kurz vorm Ziel!

あと一息！　直訳 ゴール直前！

K

Bin ich nicht genial?!

私ってすごいかも！　直訳 私って天才じゃない?!

MEMO

★1 ▶ Ziel im Auge behalten. ⇄ Das Ziel im Auge behalten. 定冠詞の das を省くと、やや「注意喚起」や「命令口調」のような感じになる。

毎日声に出してみる　ドイツ語ひとりごと

SZENE 1
一日の
流れの中で

目覚め・洗面

AUFWACHEN - MORGENTOILETTE

A

Der Wecker klingelt.

目覚ましが鳴ってる。 [直訳] 目覚まし時計が鳴っている。

□r Wecker 目覚まし [時計] □klingeln 鳴る

Gut geschlafen. ★1

ああよく眠った！ [直訳] よく眠れました。

□gut よく □schlafen 眠る

Erstmal kurz unter die Dusche.

まずシャワー浴びようか。 [直訳] まず短くシャワーの下へ。

□erstmal まず □kurz 短い間 □unter の下へ □e Dusche シャワー

B

Werde auch ohne Wecker wach.

目覚ましなくても大丈夫。 [直訳] 目覚ましなくても目がさめる。

C

Früh aufstehen ist eine Tortur.

早起きはつらい。 [直訳] 早起きは拷問だ。

D

Noch ein halbes Stündchen im Bett [bleiben]. ★2

あと30分寝ていよう。 [直訳] さらに30分ほどベッドに留まる。

E

Was für ein schöner Tag!

いい天気だなぁ。　直訳 なんて美しい日なんだ。

F

Schön 〈schlecht〉 geträumt. ★3

いい〈悪い〉夢を見た。

G

[Es] Wird schon früh hell.

最近はすぐに明るくなる。　直訳 もう早く明るくなる。

H

Draußen scheint die Sonne.

もうお日さまが出てる。　直訳 外は太陽が輝いている。

I

Jetzt aber aufgestanden!★4

さぁ、起きなくちゃ！　直訳 いま、しかし起床する。

J

Zähne putzen.

歯磨きしよう！　直訳 歯を磨く。

MEMO

★1 ▶ gut geschlafen ⇄ Ich habe gut geschlafen.　ひとりごとでは主語がich であることは当然なので、ich habeが省略可。

★2 ▶ ein halbes Stündchen ⇄ eine halbe Stunde　名詞に-chenという「縮小語尾」をつけると、「小さい・可愛い・ちょっとした」などのニュアンスが加わる。人や地域によって会話でよく使われる。

★3 ▶ schön geträumt ⇄ Ich habe schön geträumt.　→ ★1を参照。

★4 ▶ Jetzt aber aufgestanden! → aufgestanden は auf|stehen（起きる）の過去分詞。Jetzt aber 〜 =（さぁ、〜［し］なくちゃ）。例：Jetzt aber aufgepasst!（さぁ、注意して!）。

K

Wo ist die Zahnpasta?

歯磨きはどこだ？

L

Die Tube ist auch bald leer.

歯磨きはもうすぐなくなるな。　直訳 (歯磨きの)チューブもじきに空になる。

M

Neue Zahnbürste kaufen.

新しい歯ブラシ買わなきゃ。　直訳 新しい歯ブラシを買う。

N

Diese Seife riecht gut.

この石鹸いい匂い。　直訳 この石鹸はいい匂いを放つ。

O

Noch rasieren.

髭も剃らなくちゃ。　直訳 さらに髭を剃る。

P

Rasierschaum ist alle. *5

シェービングフォームが切れちゃった。

Q

Haare wieder ziemlich zerzaust.

またひどい寝癖だ。　直訳 髪の毛はまたかなりくしゃくしゃだ。

R

[Das ist] Mein Lieblingsshampoo. *6

お気に入りのシャンプー。

S

Wo war der Föhn? *7

ドライヤーはどこにあったっけ？

T

[Der] Schlafanzug in die Wäsche.

パジャマは洗濯。 直訳 パジャマを洗濯物の中へ。

U

Handtücher wechseln.

タオル交換しなくちゃ。 直訳 タオルを交換する。

V

Nur etwas Make-up.

もう少しメークかな。

W

[Die] Zahnseide ist bald alle.

フロスが切れそう。 直訳 フロスが間もなくなくなる。

X

Wattestäbchen besorgen. ★8

綿棒を買おう。 直訳 綿棒を調達する。

Y

[Noch einen] Kurzen Blick in den Spiegel.

鏡でファイナルチェック。 直訳 最後に鏡へちょっとした視線。

SZENE 1 一日の流れの中で

MEMO

★5 ▶ alle（なくなった）⇄ leer（空っぽ）。alle は口語でよく使われる。

★6 ▶ mein Lieblings〜（私の大好きな〜）

★7 ▶ r Föhn ⇄ r Haartrockner（ヘアドライヤー）。Föhn はもともと「フェーン現象」、つまり「アルプスの南風」に由来している。

★8 ▶ besorgen ⇄ kaufen → besorgenは「ストック品を備蓄する」感じ。

朝食・メディアチェック

FRÜHSTÜCK - MEDIENCHECK

A

Toastbrot ist alle.

食パンを切らした。 直訳 食パンはなくなっている。

□ s Toastbrot 食パン □ alle sein なくなっている

Dann gibt´s heute Müsli.

それじゃミューズリーにするか。 直訳 それでは今日、ミューズリーがある。

□ s Müsli ミューズリー（シリアル食品の一種）

Wo war das Smartphone?

スマホはどこにいったかな？ 直訳 スマホはどこにあったっけ？

□ wo どこ □ s Smartphone スマホ

B

Frühstück machen.

朝ご飯の用意。 直訳 朝ご飯を作る。

C

[Der] Reis ist bald fertig. ★1

もうすぐご飯が炊ける。 直訳 ご飯はもうすぐできあがる。

D

Rührei oder Spiegelei?

炒り卵か、目玉焼きか？ 直訳 炒り卵、あるいは目玉焼き？

E

Noch Wasser aufsetzen. ★2

お湯も沸かさなくちゃ。　直訳 まだ水を(火に)かけなくちゃ。

F

Zwischendurch die Zeitung holen.

その間に新聞を取ってこよう。　直訳 その合間に新聞を取ってくる。

G

Milch ist aus. ★3

牛乳がない。　直訳 ミルクがなくなった。

H

Kaffee 〈Tee〉 machen. ★4

コーヒー〈お茶〉を淹れよう。

I

Was war noch im Kühlschrank?

冷蔵庫に何があったっけ？　直訳 冷蔵庫にまだ何があった？

J

Heute nur schnell ein Croissant.

今日はクロワッサンだけにしておこう。　直訳 今日はとにかく急いでクロワッサン。

MEMO

★1 ▶ Reis ist bald fertig. ⇄ Reis ist bald fertig gekocht.の省略。→ kochen
　　　(= cook）という語は次のような様々な使い方ができる。例えば kochen（料理
　　　する）/ Reis kochen（ご飯を炊く）/ Kartoffeln kochen（ポテトを茹でる）/
　　　Kaffee kochen（コーヒーを淹れる）/ Tee kochen（お茶を淹れる）/ Wasser
　　　kochen（お湯を沸かす）など。

★2 ▶ Wasser aufsetzen ⇄ Wasser aufs Feuer setzen.　もともと「水を火に
　　　かけること」。

★3 ▶ Milch ist aus. ⇄ Milch ist ausgegangen. → aus|gehen（消え去る）の省略。

★4 ▶ Kaffee 〈Tee〉 machen ⇄ Kaffee 〈Tee〉 kochenと同じ。

K

Kaum Zeit zum Frühstücken.

朝は食べてる時間がなさそう。　[直訳] 朝食にはほとんど時間がない。

L

Zum Abschluss einen Joghurt.

最後にヨーグルト。　[直訳] 締めくくりにヨーグルトを一つ。

M

Was Neues in den Nachrichten? ★5

何か新しいニュースはあるかな？　[直訳] ニュースには何か新しいこと？

N

Heute [kommt] keine Zeitung.

今日は休刊日か。　[直訳] 今日は新聞がこない。

O

Wie wird das Wetter?

天気はどうなんだろう？　[直訳] 天気はどうなる？

P

Kurz die Wettervorhersage checken. ★6

ちょっと天気予報を見てみよう。　[直訳] 急いで天気予報をチェックする。

Q

Vielleicht braucht es einen Schirm? ★7

ひょっとすると傘が必要かな。　[直訳] もしかして傘が必要になる。

R

Heute Morgen [ein] Erdbeben?

今朝地震があったのか。　[直訳] 今朝地震か。

S

Noch rasch einen Mailcheck.

急いでメールもチェック。　[直訳] 急いでメールのチェックも。

T

Wieder ein paar neue SMS. ★8

またいくつかメッセージがきてる。 [直訳] いくつか新しいメールが。

U

Schon wieder Spam.

また迷惑メールか。 [直訳] またスパムメール。

V

Eine Nachricht vom Lieferdienst.

宅配便の不在通知だ。 [直訳] 宅配便からのメッセージ。

W

Jemand hat Fotos geschickt.

誰かが写真を送ってくれた。

X

[Der] Akku ist bald leer. ★9

バッテリーが切れそう。 [直訳] 電池がすぐに空っぽ。

Y

Smartphone aufladen.

スマホを充電しなくちゃ。 [直訳] スマホに充電すること。

MEMO

★5 ▶ was Neues ⇄ etwas Neuesの会話調。

★6 ▶ kurz（急いで）⇄ schnell（早く）

★7 ▶ Vielleicht braucht es einen Schirm. ⇄ Vielleicht braucht man einen Schirm.と同じ。 es の方がやや抽象的に「その状況が求めていること」を表し、それに対して man は「人が必要としていること」を示す感じ。

★8 ▶ e SMS ⇄ e Kurznachricht（ショートメッセージ）。→ Wieder einige neue Mails.（またいくつか新しいメールが入ってる）とも言える。

★9 ▶ r Akku（充電池）→ e Batterie（[普通の]電池）。ただし「カーバッテリー」の場合、ドイツ語も英語と同様 e Autobatterie となる。

身支度

SICH ANKLEIDEN -
SICH ZURECHTMACHEN

Ⓐ

Haare waschen.

髪を洗おう。

□ s Haar 髪 □ waschen 洗う

Was ziehe ich heute an?

今日何着ようか。 ［直訳］私は今日何を着る？

□ an|ziehen 着る □ heute 今日

Leger oder formell? ★1

カジュアル、それともフォーマル？

□ leger カジュアル □ oder または □ formell フォーマル

Ⓑ

Eher sommerliches Outfit. ★2

夏物にするか。 ［直訳］むしろ夏物か。

Ⓒ

T-Shirt und Jeans.

Tシャツにジーンズ。

Ⓓ

Cooles Outfit.

クールなファッション。

E

Sollte man sich schick machen?

お洒落な格好がいいかな？　[直訳] 人はお洒落な格好にした方がいいか。

F

Welche Farben passen?

何色が合うかな？　[直訳] どの色が合うかな？

G

Leichte Kleidung.

軽いものにしよう。　[直訳] 軽い服装。

H

Der Gürtel ist zu eng.

ベルトがきつ過ぎ。

I

[Das wäre] Etwas zu gewagt. ★3

ちょっと大胆すぎるかなぁ。　[直訳] これはちょっと大胆すぎるかもしれない。

J

Lieber Rock oder Hose? ★4

スカートか？ ズボンか？　[直訳] むしろスカート、あるいはズボンかな？

MEMO

★1 ▶ leger → フランス語からの外来語。元の意味は「軽い」。

★2 ▶ s Outfit → 英語からの外来語。意味は「身につけるファッションの総称」。
　　→ frühlingshaftes / sommerliches / herbstliches / winterliches
　　Outfit（春の / 夏の / 秋の / 冬のファッション）。合成名詞としての使い方も可。例：
　　s Frühlingsoutfit / s Sommeroutfit / s Herbstoutfit / s Winteroutfit。

★3 ▶ Das *wäre* etwas zu gewagt.（これにしたらちょっと大胆すぎるかな）【仮定】。
　　Das *ist* etwas zu gewagt.（これはちょっと大胆すぎる）【事実】。

★4 ▶ *Lieber* Rock oder Hose?（スカートか？ズボンか？）【自分の好み】。
　　Rock oder *besser* Hose?（スカート？ズボンにした方がいいか？）【どちらが
　　ふさわしいか？】。

K

Die passende Krawatte.

ぴったりのネクタイ。

L

Das geblümte Kleid.

花柄のドレスにしよう。

M

Heute mal etwas sportlicher.

今日はちょっとスポーティーに。　直訳 今日はもう少しだけよりスポーティーに。

N

Arbeitskleidung wäre hier angebracht. ★5

作業服にした方がいいかな？　直訳 ここでは作業服がふさわしいでしょう。

O

Sandalen sind bequemer.

サンダルの方が楽だ。　直訳 サンダルはより快適である。

P

[Ich] Trage nur, was ich mag.

好きな服しか着ない。　直訳 私は気に入ったものだけを着る。

Q

Kurzer oder langer Arm? ★6

半袖か長袖か？　直訳 短い腕か長い腕か？

R

Welche Schuhe passen?

どの靴が合う？

S

Sonnenschutz auftragen. ★7

日焼け止めを塗って。　直訳 日焼け止めを塗る。

T

Noch kämmen.

髪もとかさなくちゃ。　[直訳] まだとかす。

U

Braucht man Handschuhe?

手袋いるかなぁ？　[直訳] 人は手袋が必要か。

V

Taschentuch einstecken.

ハンカチを入れて。　[直訳] ハンカチを（ポケットに）入れる。

W

Ein Hauch von Parfüm.

香水を一滴。　[直訳] 香水の一吹き。

X

Sonnenbrille nicht vergessen.

サングラスは持って行こう。　[直訳] サングラスは忘れないように。

Y

Kontaktlinsen oder Brille?

コンタクトにするか眼鏡にするか？

MEMO

★5 ▶ Das *ware* hier angebracht. （これはここならふさわしいでしょう）。
Das *ist* hier angebracht. （これはここにふさわしい）。

★6 ▶ Kurzer oder langer Arm. → ここで r Arm（腕）は r Ärmel（袖）を表している。

★7 ▶ auf|tragen は「材料を慎重にやさしく塗る」の意味。→ 同じ「塗る」でも、塗料の場合は streichen を使う。例：Die Wand streichen. （壁にペンキを塗る）。

トゥードゥー リスト

TO-DO-LISTE

A

Was liegt heute an? ★1

今日は何があったっけ？ [直訳] 今日は何があるの？

□heute 今日 □an|liegen（すべきこととして）ある

Keine wichtigen [Geschäfts] Termine.

大事な[仕事の]予定はナシ。

□wichtig 重要な □r [Geschäfts]Termin [仕事の]予定

Heute Abend eine Verabredung.

今晩、人に会う約束だ。 [直訳] 今晩、人に会う約束がある。

□heute Abend 今晩 □e Verabredung 会う約束

B

Kalender checken.

スケジュールをチェック。 [直訳] スケジュール表をチェックする。

C

Auf die Erinnerungsliste.

リマインダー〈カレンダー〉に[入れよう]。

D

Lieferdienst kontaktieren.

宅配に連絡。 [直訳] 宅配サービスに連絡する。

E

Oma anrufen.

おばあちゃんに電話。

F

Wäsche in die Maschine.

洗濯機に洗濯物を入れる。　[直訳] 洗濯物を洗濯機の中へ。

G

Spülmaschine ausräumen.

食洗機を空にする。

H

Arzttermin besorgen. ★2

病院のアポを取る。　[直訳] 医者の予約を手配する。

I

Notebook 〈Smartphone〉 aufladen.

ノートPC〈スマホ〉の充電。

J

Schuhe putzen.

靴を磨く。

MEMO

★1 ▶ Was liegt heute an? ⇄ Was wäre heute noch alles zu erledigen? (今日まだやることあったっけなぁ?) の縮小版。

★2 ▶ Arzttermin besorgen. ⇄ Arzttermin vereinbaren. とも表現できる。前者が単純に「アポを取る」を意味するのに対し、後者は「相手との合意を前提」とした言い方。大きな病院の場合は Kliniktermin besorgen 〈Termin in der Klinik besorgen〉. とも言える。

K

Konto checken.

口座をチェックする。

L

Geld überweisen. ★3

送金する。

M

Visitenkarten nicht vergessen.

名刺を持って行こう。　直訳 名刺を忘れないように。

N

Staubsaugen.

掃除機をかける。

O

Haustier füttern.

ペットに餌をやる。

P

Müll rausbringen.

ゴミを出す。

Q

Umlauf zum Nachbarn. ★4

隣に回覧板。　直訳 隣人に回覧板を[回す]。

R

Blumen gießen.

花に水をやる。　直訳 花に水を注ぐ。

S

Einmal durchlüften.

換気する。　直訳 一度空気を入れ替える。

SZENE 1 一日の流れの中で

T

Weihnachtskarten ⟨Neujahrskarten⟩ schreiben.

クリスマスカード⟨年賀状⟩を書く。

U

Sommergeschenke ⟨Wintergeschenke⟩ bestellen.

お中元⟨お歳暮⟩を手配する。　直訳 夏⟨冬⟩の贈り物を注文する。

V

Jahresendfeier planen.

忘年会の計画。　直訳 年末パーティーを計画する。

W

[Großer] Hausputz.

大掃除。　直訳 家[全体]の掃除。

X

Rechnungen bezahlen.

料金の支払い。　直訳 （様々な）請求書を支払う。

Y

Service-Zentrum anrufen.

サービスセンターに連絡。　直訳 サービスセンターに電話する。

MEMO

★3 ▶ Geld überweisen（振替で送金する）→ Geld schicken とも言えるが、これ
は一般的に「（相手に）お金を送る」こと全体を指す。

★4 ▶ r Umlauf（社内回覧システム）→ 企業や組織内で流通している[機密]デー
タ、ファイル、メールなどを指す用語。「町内会」のような制度がない場合でも、
r [Nachbarschafts]Umlauf や r Rundlauf と説明すれば、「回覧板」と十
分わかってもらえるはず。

昼食・昼休み

MITTAGESSEN – MITTAGSPAUSE

A

Zeit für die Mittagspause.

昼休みの時間だ。　直訳 昼休みのための時間。

□ e Zeit 時間　□ e Mittagspause 昼休み

Worauf hätten wir heute Lust? ★1

今日は何がいいかな？　直訳 今日は何を楽しみたいのか。

□ auf ... Lust haben …楽しみたい

Und nach dem Essen ein wenig relaxen.

食後はちょっとリラックス。　直訳 そして食事の後少しリラックスする。

□ s Essen 食事　□ ein wenig 少し　□ relaxen リラックスする

B

Kaum Zeit für einen kleinen Imbiss.

ひと口食べるのがせいぜい。　直訳 ちょっとした軽食にもほとんど時間がない。

C

Die Kantine ist voll.

社食は一杯だ。

D

Heute mal italienisch. ★2

今日はイタリアンにするか。

E

Ein Fertiggericht aus dem Convenience-Shop. ★3

コンビニ弁当で済まそう。 直訳 コンビニからの調理食。

F

Das Mittagsmenü schaut gut aus.

このランチメニューはよさそうだ。 直訳 このランチメニューはよさそうに見える。

G

Nur einen Salat.

サラダだけにしておこう。

H

Ein Schinkensandwich reicht mir.

ハムサンドで十分だ。 直訳 私には一つのハムサンドで足りる。

I

Konferenz〈Arbeitsessen〉in der Mittagspause.

昼休みに会議〈ランチミーティング〉。

J

Mit Kollegen essen gehen.

同僚と外食。 直訳 同僚と食事に行く。

MEMO

★1 ▶ 昔、封建時代に身分の高い者は、自らを複数形の代名詞 wir で呼んだ（尊厳の複数）。現代ではひとりごとで、「自分だけの世界」に浸るとき、ich の代わりに wir がよく使われる表現。

★2 ▶ Heute mal italienisch〈chinesisch / französisch / koreanisch / vegan / exotisch〉.（今日はイタリアン〈中華／フレンチ／韓国料理／ヴィーガン／エスニック〉にするか）。

★3 ▶ r Convenience-Shop → ドイツ語圏ではコンビニエンスストアのようなお店はあまり見かけない。ただし、24時間営業のガソリンスタンドや所によってキオスクや駅売店では、深夜まで飲み物やお菓子、パン、雑誌、新聞などの日用品が売られている。

K

Eine Diätpause einlegen. ★4

ダイエットはちょっと一休み。

L

Zum Nachtisch Kaffee oder Tee?

デザートにはコーヒーかお茶か。

M

Wo war noch die Nummer vom Lieferservice? ★5

宅配サービスの番号はどこだっけ？

N

Schnell etwas aus der Tiefkühltruhe.

冷凍品で手軽に済まそう。　[直訳] 急いで冷凍庫から何かを（出して）。

O

Ein kleines Nickerchen 〈Mittagsschläfchen〉.

ちょっと居眠り。

P

Was koche ich heute Mittag?

昼ご飯何作ろうか？　[直訳] 今日のお昼に何を料理する？

Q

Nach dem Essen immer müde.

食べるといつも眠くなる。　[直訳] 食後はいつも眠い。

R

Mal kurz abschalten. ★6

ちょっとひと休み。　[直訳] ちょっと短くスイッチを切る。

S

Draußen die gute Luft genießen.

外の空気を吸ってこよう。　[直訳] 外でよい空気を味わう。

SZENE 1　一日の流れの中で

T

Mal eine halbe Stunde für sich [ganz allein].

30分ほど一人っきりになろう。　直訳 半時間自分のために [まったく一人で]。

U

Das war sehr gut.

とてもおいしかった。　直訳 それはとてもよかった。

V

Heute Mittag nochmal Curry von gestern.

お昼は昨日のカレーの残り。　直訳 今日のお昼はもう一回昨日のカレー。

W

Jeden Tag Fastfood ist langweilig.

毎日、ファーストフードはつまらない。

X

Jetzt noch ein schönes Eis.

シメにはおいしいアイス。　直訳 おしまいに一つおいしいアイス。

Y

Was? Mittagspause schon wieder vorbei? ★7

ええっ？ 昼休みもう終わり？　直訳 なに？ 昼休みはもうまた過ぎたの？

MEMO

★4 ▶ e Diätpause （ダイエットブレイク）は本来計画的なものであるが、ここでは
一時的にダイエットを休む言い訳。

★5 ▶ Wo *war* noch die Nummer? (その番号はどこにあったっけ?) ⇄ Wo *ist*
noch die Nummer? (その番号はどこにあるの?)。→ 過去形は記憶の中を探
る感じ。

★6 ▶ Mal kurz ab|schalten. ⇄ Mal kurz aus|spannen. → aus|spannenを
使うと、「一時的にスイッチを切る」のではなく、緊張をほぐして、リラックスする
というニュアンスが出る。

★7 ▶ Schon wieder vorbei? ⇄ Schon wieder um? 短い一音節の um で終
わると、会話ではやや驚いた懐疑的な口調になる。

仕事・打ち合わせ・コーヒーブレイク

ARBEIT-BESPRECHUNG-KAFFEEPAUSE

A

Heute Vormittag Videokonferenz.

今日午前中はオンライン会議。

□heute 今日 □r Vormittag 午前 □e Videokonferenz オンライン会議

Zwischendurch kurze Kaffeepause.

間で短いコーヒーブレイク。

□zwischendurch その合間に □kurz 短い □e Kaffeepause コーヒーブレイク

Nachmittags dann wichtiges Meeting.

午後は大事なミーティング。　[直訳] 午後はそれから重要なミーティング。

□nachmittags 午後 □wichtig 重要な □s Meeting ミーティング

B

Mal wieder eine langweilige Sitzung.

また退屈な会議だ [った]。

C

Hand-outs ausdrucken. ＊1

配布資料を印刷する。

D

Teilnehmerliste checken.

参加者のリストをチェック。

E

Konferenzraum reservieren.

会議室を予約。

F

Präsentationsmittel besorgen.

プレゼン用のものをそろえる。

G

Die Sitzung dauert ja ewig. ★2

この会議、長くかかりそう。　[直訳] この会議は永遠に続くさ。

H

Wer führt Protokoll? ★3

議事録は誰が書く？

I

Nächster Termin halb 4. ★4

次の予定は3時半。

J

Kurze Besprechung nach der Mittagspause.

昼休みの後ちょっとした意見交換。　[直訳] 短い意見交換を昼休みの後で。

MEMO

★1 ▶ s Hand-out → 英語に由来する多くの外来語は、基本的に英語風に発音する
のが普通。

★2 ▶ このjaは同意を求める強調の語で、a は短く発音される。

★3 ▶ Protokoll führen（記録を取る）という慣用表現。

★4 ▶ halb 〜 → もっぱら口語調の表現で、「〜時まで30分」という言い方。
halb 4はしたがって4時まで30分（＝3時半）。ただし、この言い方は時刻が時計
の文字盤に従った12時間表示でのみ使われる。

K

Konferenzsprache Englisch? Deutsch?

会議の言葉は英語？ドイツ語？

L

Im Home-Office [ist] vieles entspannter.

ホームオフィスはなかなか快適。　直訳　ホームオフィスでは多くのことがずっと楽だ。

M

Heute Termin [beim] Geschäftspartner.

今日は取引先でアポ。　直訳　今日はビジネスパートナーの所で約束。

N

Besprechung später nachholen.

ミーティングは後日開催する。　直訳　話し合いは後でやり直す。

O

Namensschilder vorbereiten.

名札を準備する。

P

Zeitplan strikt einhalten.

スケジュールは厳守すること。

Q

Tagesordnungspunkte definieren. ★5

議題を明確にする。　直訳　その日の議事の要点を決める。

R

Relevante Informationen sammeln.

関連情報を収集する。

S

Vorbereitungszeit einplanen.

準備時間を確保する。

T

Aufeinanderfolgende Meetings vermeiden.

会議の連続は避けよう。　[直訳] 連続したミーティングは避ける。

U

Konkrete Ergebnisse festhalten. ★6

具体的成果を記録する。

V

Eigene Anwesenheit wirklich nötig?

参加する必要ある?　[直訳] 自分の存在は本当に必要なのか。

W

Zeit für eine kleine Atempause. ★7

少し息抜きの時間。　[直訳] ちょっとした一呼吸の時間。

X

Getränke und Snacks bestellen.

飲み物やスナックを注文する。

Y

Kleine Pausen steigern die Produktivität.

短い休憩が生産性を高める。

SZENE 1　一日の流れの中で

MEMO

★5 ▶ d Tagesordnungspunkte ⇄ e Agenda (アジェンダ) → 日本でもビジネス
シーンで使われる言葉で「計画・議題・検討課題」の意味。

★6 ▶ Ergebnisse fest|halten (成果を記録する) という慣用表現。

★7 ▶ Zeit für eine kleine Atempause. ⇄ [Es ist] Zeit für eine kleine
Verschnaufpause. (ちょっと一休みする時間 [だ]) とも言う。

買い物・外出

EINKAUFEN ETC.

A

Gleich noch zur Post. ★¹

ちょっと郵便局まで行かなきゃ。 [直訳] 早速郵便局へ。

□gleich noch すぐにも □e Post 郵便 [局・物]

Danach zum Supermarkt.

ついでにスーパー。 [直訳] その後でスーパーへ。

□danach その後 □r Supermarkt スーパー

Wo war der Einkaufszettel?

買い物メモはどこだっけ？ [直訳] 買い物メモはどこにあった？

□wo どこ □r Einkaufszettel ショッピングリスト

B

Langsam wird alles teurer.

最近はなんでも高くなる。 [直訳] 全てが徐々に高くなる。

C

Getränke haben wir noch. ★²

飲み物はまだある。 [直訳] 私たちは飲み物をまだ持っている。

D

Trauben sind heute günstig.

ブドウが今日はお買い得。

E

Käse ist im Sonderangebot.

チーズのセールをやってる。　[直訳] チーズは特別提供品の中にある。

F

Vielleicht noch etwas Obst?

ちょっと果物もあるといいかな？　[直訳] ひょっとするとあと少し果物？

G

Nicht billig, aber gut.

安くはないけど、いいものだ。　[直訳] 安くはない、しかし良い。

H

[Hilfe!] Kann mich einfach nicht entscheiden! ★3

[どうしよう！] 決めるの難しいなぁ！　[直訳] [助けて！] 私はどうしても決めることができない！

I

Genau das habe ich schon immer gesucht!

ずっと探してたものだ！　[直訳] まさにそれを私はずっと探していた！

J

Gar nicht so teuer wie befürchtet.

思ってたよりずっと安い。　[直訳] 恐れていたほど高くない。

> **MEMO**
>
> ★1 ▶ [Ich muss] Gleich noch zur Post [gehen]. の省略形。→ 郵便ポストは r
> Postkasten / r Briefkasten / r Postbriefkasten。
>
> ★2 ▶ ここでの wir haben 〜 は「うちには〜がある」といったニュアンス。
>
> ★3 ▶ [Ich] Kann mich einfach nicht entscheiden! →「ひとりごと」では主語 ich
> を省くことがよくある。

K

Einkaufsbeutel [ist] dabei. ★4

エコバッグは持ってる。　[直訳] ショッピングバッグは持ってきた。

L

[Ob hier] Kartenzahlung geht? ★5

カードで払えるかな？　[直訳] [ここは]カード払いできるのか？

M

Muss das bestellt werden?

予約が必要かな？　[直訳] これは注文せねばなりませんか？

N

Die Parkkarte auch.

駐車券もね。

O

[Ich muss] Nachher nochmal einkaufen.

あとでまだ買い物しなきゃいけないな。

P

Da wär´ auch noch der Zahnarzttermin. ★6

歯医者の予約もあったか。

Q

Eine Runde joggen im Park.

公園でひと走り。　[直訳] 公園でひと回りのジョギング。

R

[Rechnungen] Im Convenient-Store bezahlen. ★7

[請求書は]コンビニで払える。　[直訳] [請求書は]コンビニで払う。

S

Kurz vor Ladenschluss wird´s hier billiger.

この店は閉店間際だと安くなる。

T

[Auf dem Rückweg] Noch zur Reinigung.

[帰り道に]クリーニング屋にも行かなきゃ。　[直訳] [帰りに]クリーニング屋へも。

U

Könnte mal wieder zum Sportklub gehen.

久しぶりにジムもいいかな。　[直訳] [私は]再びちょっとジムに行くこともできるか。

V

Alles schaffe ich heute nicht mehr.

全て今日片付けるのは無理だ。　[直訳] 私は今日はもう全部成し遂げない。

W

Als nächstes zum Kindergarten 〈Kinderhort〉.

次は幼稚園〈保育園〉か。　[直訳] 次は幼稚園〈保育園〉へ。

X

Nichts vergessen?

何も忘れてないな?

Y

Shoppen kann [ganz schön] anstrengend sein.

買い物は疲れるもんだ。　[直訳] ショッピングは[結構]きつくなる可能性もある。

MEMO

★4 ▶ dabei sein（[手元に]ある）⇄ dabei|haben（所持している）

★5 ▶ *Ob* ～ ?（～かな?）。ひとりごとでよく見られるパターン。例：Ob das so o.k. ist?（これでOKなのかな?）。

★6 ▶ Da *wär´* auch noch der Termin.（あの予約もあったか）【ふっと思い出して】。 Da *ist* auch noch der Termin.（あの予約〈約束〉もあるよ）【ただの確認】。

★7 ▶ Im Convenient-Store bezahlen. ⇄ Kann ich im Convenient-Store bezahlen. の省略。

アフター5

NACH FEIERABEND

A

Schon ganz schön spät.

結構遅くなった。 [直訳] すでにかなり遅い。

□schon すでに □ganz schön 結構 □spät 遅い

Für heute genug geschafft.

もう今日はじゅうぶんだ。 [直訳] 今日の分はじゅうぶん成し遂げた。

□heute 今日 □genug じゅうぶん □schaffen やり遂げる

Es wird allmählich dunkel.

暗くなってきたな。 [直訳] 徐々に暗くなってくる。

□allmählich 徐々に □dunkel ダーク

B

Langsam Zeit heimzugehen. ★1

そろそろ帰る時間だ。

C

Mal in der Buchhandlung vorbeischauen. ★2

本屋に寄って行こうかな。 [直訳] ちょっと本屋に立ち寄る。

D

Abends endlich wieder angenehm.

夕方やっと過ごしやすくなった。 [直訳] 夕方はやっとまた快適になった。

E

Kleinen Abendspaziergang [machen].

夕方、ちょっとひと歩き。　直訳 短い夕方の散歩[する]。

F

Ziemlich viel[e] Leute unterwegs. [*3]

人出が多いなぁ。　直訳 かなり多くの人が外出している。

G

Schöner Sonnenuntergang.

夕焼けがきれい！　直訳 美しい日没。

H

Heute mal draußen essen.

今日は外食にしよう。　直訳 今日はちょっと外で食事する。

I

Freunde treffen.

友達に会おう。　直訳 友達に会う。

J

Gemütlich zusammensitzen.

(2人以上で)まったり過ごそう。　直訳 心地よく一緒に座る。

MEMO

★1 ▶ [Es ist] Langsam Zeit heimzugehen. →「会話・ひとりごと」では Es ist をよく省略。

★2 ▶ Mal in der Buchhandlung vorbeischauen. ⇄ Ich könnte einmal in der Buchhandlung vorbeischauen. →「ひとりごと」では主語等のない簡略な表現が多い。

★3 ▶ unterwegs sein (移動中である)。例：Er ist immer unterwegs. (彼は常に出かけている)。

K

Erstmal Licht machen.

まず電気をつけて。　直訳 まず明かりをつける。

L

Vorhänge zuziehen.

カーテンを閉めて。　直訳 カーテンを閉める。

M

Kurz durchlüften.

ちょっと窓開けよう。　直訳 短時間換気する。

N

Wieder viel Post.

ずいぶん郵便が来たな！　直訳 またたくさんの郵便が。

O

[Eine] Nachricht vom Lieferservice.

宅配の不在通知か。　直訳 宅配便からの連絡。

P

Heute keine Abendausgabe?

今日は夕刊が来てないね。　直訳 今日夕刊はないの？

Q

Bier kaltstellen.

ビールを冷やしておこう。

R

Was kommt im Fernsehen?

テレビは何があるかな？　直訳 テレビに何が来るのか？

S

Wann beginnt das Spiel?[*4]

試合は何時からだっけ？　直訳 いつ試合が始まるの？

T

Einfach mal nichts tun.

とにかく休みたい。　[直訳] ただ何もしない。

U

Den Abend genießen.

楽しい晩にしよう。　[直訳] 晩を楽しむ。

V

Eine Flasche Wein aufmachen.

ワインでも開けよう。　[直訳] ワインを一本開ける。

W

Mal wieder gemütlich was lesen.

久しぶりにゆっくり本を読むか。　[直訳] ちょっとまたくつろいで読書する。

X

Kinder ins Bad bringen.

子どもを風呂に入れよう。　[直訳] 子どもを風呂場に連れて行く。

Y

Vorbereitung für morgen.

明日の準備。　[直訳] 明日のための準備。

MEMO

★4 ▶ s Spiel（試合・ゲーム）⇄ s Match（マッチ）→ Wann beginnt die
[Spiel]Übertragung?（[試合] 中継はいつから始まるのか?）

夕食

ABENDESSEN

A

Was gibt´s zum Abendessen? ★1

夕食は何にするか？　直訳　夕食に何があるか？

□es gibt 〜 〜がある　□s Abendessen 夕食

Heute mal was Exotisches. ★2

今日はエスニックにしよう。　直訳　今日はちょっとエスニックなもの。

□heute 今日　□mal ちょっと　□Exotisches エスニック風のもの

Mit viel Knoblauch und Gewürzen.

ニンニクとスパイスをたっぷり入れて。

□viel 多くの　□r Knoblauch ニンニク　□s Gewürz 香辛料

B

Erstmal Reis kochen.

まずご飯を炊こう。　直訳　まず米を調理する。

C

Fleisch auftauen.

肉を解凍する。

D

Kurz einlegen.

浅漬けにしよう。　直訳　短時間漬ける。

SZENE 1　一日の流れの中で

E

Was ist an Gemüse da? ★3

野菜は何があったっけ。　[直訳] 野菜に関して何があるのか？

F

Gratin aus dem Tiefkühlfach.

冷凍のグラタンにしよう。　[直訳] 冷凍庫からのグラタン。

G

In der Mikrowelle aufwärmen.

チンするか。　[直訳] 電子レンジの中で温める。

H

Tomaten aus der Dose.

トマトは缶詰にしよう。　[直訳] 缶詰のトマト。

I

Salat anrichten.

サラダを作るかな。　[直訳] サラダを盛り付ける。

J

Dressing oder Mayonnaise?

ドレッシングかマヨネーズか。

MEMO

★1 ▶ gibt's ⇄ gibt es → 口語ではしばしば前者の融合形が用いられる。

★2 ▶ was ⇄ etwas → 口語ではしばしば etwas の代わりに was が用いられる。

★3 ▶ Was ist an 〜 da?（〜についてはどんなものがあるか？）例：Was ist an Käse da?（どんなチーズがあるのかな？）。

K

Knoblauch ⟨Ingwer⟩ fein hacken.

ニンニク⟨生姜⟩を細かく刻む。

L

Kartoffeln schälen.

じゃがいもの皮をむく。

M

Pilze anbraten.

キノコを強火でさっと炒める。

N

Sake hinzugeben.

酒を加える。

O

Mit Sesamöl abschmecken.

ごま油で味を整える。

P

In Ei wenden und panieren.

卵に浸してパン粉をつける。

Q

Im Wok gebraten. [4]

中華鍋で炒める。

R

Die Spaghetti müssen „al dente" sein. [5]

スパゲティはアルデンテでなくちゃ。

S

Das kommt in die Pfanne. [6]

フライパンで焼こう⟨炒めよう⟩。　直訳 これはフライパンの中に入る。

T

[Das] Muss gedämpft werden.

これは蒸さなくちゃ。　直訳 これは蒸さざるをえない。

U

Besser weniger Salz.

塩は減らしたほうがいい。　直訳 より少ない塩がよりよい。

V

Senf und Ketchup dazu.

マスタードとケチャップをつけて。　直訳 マスタードとケチャップを加えて。

W

Selbstgemachtes schmeckt am besten.

手作りの味が最高。　直訳 手作りのものが一番おいしい。

X

Abends eher was Leichtes. ★6

夕食はさっぱりしたものがいいかも。　直訳 夕食はむしろ軽い食事を。

Y

Noch ein kleiner Verdauungstrunk.

消化のためにもう一杯だけ。　直訳 さらにちょっとした消化用の飲料 (お酒) を一杯。

MEMO

★4 ▶ r Wok (中華鍋)。もともと広東語の「鑊」をローマ字化した言葉。

★5 ▶ Die Spaghetti müssen „al dente" sein.【茹でた結果を想像して】。
Die Spaghetti müssen „al dente" gekocht werden.【これからの茹で方を考えて】。

★6 ▶ [et]was Leichtes ⇄ leichte Kost →「軽い食事・さっぱりしたもの」という感覚は、食習慣や文化的背景によって異なる。例えばドイツ語圏で etwas Leichtes とみなされるものは日本食に慣れている人にとって、必ずしも「軽い食事・さっぱりしたもの」とは思えないかもしれない。

入浴・就寝

BADEZEIT - SCHLAFENSZEIT

A

Jetzt noch gemütlich ins Bad.

ゆっくりお風呂に入るかな。　直訳 これからゆったりと風呂の中へ。

□jetzt noch これから　□gemütlich 気持ちよく　□s Bad 風呂場

Haustür, Fenster, Gas, alles ok?

戸締り確認。　直訳 玄関、窓、ガス、全てOK？

□e Haustür 玄関扉　□s Fenster 窓　□s Gas ガス

Wecker für morgen stellen.

明日の目覚ましをセット。　直訳 明日のため目覚ましを設定する。

□r Wecker 目覚まし　□morgen 明日　□stellen （時計などを）設定する

B

Heute nur kurz duschen.

今日はシャワーだけにしておこう。　直訳 今日は短くシャワー浴びるだけ。

C

Erst noch das Bad putzen.

まずはお風呂を掃除しなくちゃ。　直訳 まずはお風呂を掃除する。

D

Wasser einlaufen lassen. ★1

風呂のお湯を張るか。　直訳 水を流し込ませる。

E

40 Grad [Wassertemperatur] reichen.

[湯の温度は] 40度で十分だ。　[直訳] 40度の水温で十分だ。

F

Lüfter anstellen. ★2

換気扇をつける。　[直訳] 換気扇を回す。

G

Die schönste Zeit des Tages.

一日で最高の時間。

H

Heute mal Thermalbad. ★3

今日は温泉入浴剤を使ってみるか。

I

Entspannen und sich wohlfühlen.

ほっとして気持ちいい。　[直訳] リラックスして気分をよくする。

J

Im Bad kommen immer die besten Ideen.

いいアイディアは、風呂で浮かぶね。　[直訳] 最高の考えは、常に風呂場で生まれる。

MEMO

★1 ▶ s Wasser（水）。ここでは s Badewasser（風呂のお湯）という意味。
　　→「お湯」のことは s Warmwasser または warmes Wasser とも言うが、
　　口語で特に区別しないことが多い。

★2 ▶ [den] Lüfter an|stellen（換気扇を回す）【口語】⇄ [den] Lüfter ein|schalten
　　（換気扇をつける）

★3 ▶ Heute mal Thermalbad. ⇄ Heute nehme ich mal Thermalbad-
　　Badesalz.（今日は温泉入浴剤を使ってみよう）のひとりごとバージョン。
　　→ 入浴剤は s Badesalz / r Badezusatz。
　　温泉は s Thermalbad / e Therme / e Heilquelle / heiße Quelle。

K

Einmal kurz auf die Waage.

ちょっと体重を量ってみよう。 [直訳] ちょっと体重計に乗って。

L

Schon wieder zugenommen! ★4

また太っちゃった！

M

Frisches Badetuch. ★5

新しいバスタオル。

N

Gut abtrocknen.

よく体を拭いて。 [直訳] よくタオルで拭く。

O

Nach dem Bad was trinken.

風呂上がりに一杯。 [直訳] 入浴の後は何かを飲む。

P

Zuhause einfach nur die Ruhe genießen.

家でゆっくりするだけで最高。 [直訳] 自宅でひたすら静けさを楽しむ。

Q

Schnell noch die Bettwäsche gewechselt. ★6

シーツはさっさと取り替えよう。

R

Schlafzimmer ist zu warm.

寝室が暖かすぎる。

S

[Das] Fenster kann aufbleiben.

窓は開けたままにしとこう。

T

Noch eine Gutenachtgeschichte [für die Kinder]. ★7

[子どもに] 眠る前のお話ね。 　直訳 子どもたちのための「おやすみの話」も。

U

Vorhänge zu und alles dunkel.

カーテン閉めて、部屋は暗く。 　直訳 カーテン閉じて、全てが暗い。

V

Heute besser eine wärmere Decke.

今日は暖かい毛布の方がいい。

W

Schäfchen zählen hilft leider nicht.

羊を数えても効果ないな。 　直訳 残念ながら、羊を数えても役に立たない。

X

Da ist eine Mücke im Schlafzimmer.

おや! 寝室に蚊がいる。

Y

Lavendelduft beruhigt.

ラベンダーの香りは落ち着く。

MEMO

★4 ▶ Schon wieder zugenommen. ⇄ Ich habe schon wieder zugenommen. のひとりごと。 ↔ Schon wieder abgenommen.（また痩せた）。

★5 ▶ frisches Badetuch = [ein] frisch gewaschenes Badetuch（洗い立てのバスタオル）の短縮版。

★6 ▶ Es muss schnell noch die Bettdecke gewechselt werden.（シーツはすぐに交換される必要がある）の「ひとりごと」バージョン。

★7 ▶ e Gutenachtgeschichte ⇄ e Einschlafgeschichte → 寝る前に子どもたちに読む、もしくは語り聞かせたりする物語のこと。

毎日声に出してみる　ドイツ語ひとりごと

SZENE 2
家庭生活

家事

HAUSARBEIT

A

Womit beginnen?

何から始めようか。　直訳 何をもって始めるか。

□womit 何で　□beginnen 始める

Erst die Wäsche. ★1

まずは洗濯。

□erst 最前　□e Wäsche 洗濯[物]

Danach staubsaugen.

次に掃除機をかける。

□danach その後　□staubsaugen 掃除機で掃除する

B

Waschmaschine ist an. ★2

洗濯機は動いてる。　直訳 洗濯機が作動している。

C

[Staubsauger]Beutel wechseln.

[掃除機の]袋を替えよう。

D

Wäsche aufhängen.

洗濯物を干そう。　直訳 洗濯物を掛ける。

E

Spülmaschine ausräumen.

食器洗い機を空にして。

F

Fenster putzen.

窓を拭くかな。　[直訳] 窓をきれいにする。

G

Müll rausbringen.

ごみを出して。　[直訳] ごみを外に出す。

H

Müsste mal wieder aufräumen. ★3

また片付けなきゃ。

I

Bad und Toilette reinigen.

バス・トイレの掃除。

J

Futon lüften.★4

布団を干そう。

MEMO

★1 ▶ Erst die Wäsche. ⇄ Zuerst die Wäsche. の短縮版。

★2 ▶ Waschmaschine ist an. ⇄ Waschmaschine läuft.

★3 ▶ Müsste mal wieder aufräumen. ⇄ Ich müsste mal wieder aufräumen.
→ ひとりごとでは ich を省くことはよくある。

★4 ▶ r Futon（布団）という表現は、ドイツ語圏の日本通の間でよく知られているらしい。

料理・菓子作り

KOCHEN & BACKEN

A

Neues Rezept.

新しいレシピだ。

□neu 新しい □s Rezept レシピ

Gleich mal ausprobieren.

さっそく作ってみよう。　[直訳] すぐにちょっと試してみる。

□gleich すぐに □mal ちょっと □aus|probieren 試す

Zutaten alle vorhanden?

材料は全部あるかな？　[直訳] 原材料は全て揃っているか。

□e Zutat 材料 □alle 全部 □vorhanden 手元にある

B

Gut durchrühren.

よく混ぜよう。

C

Nichts anbrennen lassen!

焦がさないように。　[直訳] 何も焦げないようにする。

D

Da fehlt noch was.

何か足りないな。　[直訳] 何かが不足している。

E

Abkühlen lassen. ★1

冷まそう。 [直訳] 冷めるようにする。

F

Bei schwacher Hitze. ★2

弱火で。 [直訳] 弱い熱さで。

G

Ofen vorheizen.

予熱しよう。 [直訳] オーブンを予熱する。

H

Kann in die Mikrowelle.

レンジで作れる。 [直訳] 電子レンジに入れられる。

I

Köstlich! Wie bei Muttern! ★3

おいしい！お母さんの味だ！ [直訳] おいしい！お母さんのところのような！

J

Das geht ruckzuck. ★4

すぐ作れそう。 [直訳] これはさっさと作れる。

MEMO

★1 ▶ ab|kühlen lassen ↔ auf|wärmen（温める）

★2 ▶ Bei schwacher Hitze. ↔ Bei mittlerer〈starker〉Hitze.（中〈強〉火で）

★3 ▶ Wie bei Muttern.【慣用表現】→ Muttern という形は、もともと北部の話し言葉から来た表現。

★4 ▶ ruckzuck ⇄ ratzfatz（さっさと、あっと言う間に）よく使われる擬態語。

ショッピング

SHOPPING

A

Gefällt mir.

気にいったよ。　[直訳] 私には気にいる。

□gefallen 気にいる

Das nehmen? ★1

これにしようかな？　[直訳] それを取る？

□nehmen 買う

Oder lieber nicht...?

それともやめるか。　[直訳] それともむしろしないか…。

□oder または　□lieber むしろ　□nicht = *not*

B

Woanders vielleicht billiger. ★2

他はもっと安いかも。　[直訳] もしかしてどこかでもっと安い。

C

Mal im Netz nachschauen.

ネットで探そうかな。　[直訳] ちょっとネットで探す。

D

Zustellung [ist] kostenlos.

配達無料か。

E

Muss bestellt werden.

注文しなくちゃ。　[直訳] 注文されるべき。

F

Auch in meiner Größe?

私のサイズもあるかな？　[直訳] 私のサイズでも？

G

Gute Qualität.

いい物だ。　[直訳] 高品質。

H

Stark reduziert.

かなり安くなった。　[直訳] 大幅値下げ。

I

Niemand an der Kasse?

レジには誰もいないのか。

J

Für heute genug gekauft.

今日の買い物はもうおしまい。　[直訳] 今日の分は十分買った。

MEMO

★1 ▶ Das nehmen? ⇄ Soll ich das nehmen? の省略。

★2 ▶ Woanders vielleicht billiger. ⇄ Woanders ist es vielleicht billiger.
のひとりごとバージョン。

パソコン・ネット

PC - NETZ

A

Gibt´s hier WLAN? ★1

ここにはWi-Fiあるのかな？　直訳 ここに無線LAN存在していますか。

□geben → es gibt ある　□s WLAN 無線LAN

Komm nicht rein... ★2

接続できないよ…。　直訳 入れない…。

□rein|kommen 入る、アクセスできる

Falsches Passwort?

パスワードが違うのかな？　直訳 間違ったパスワード？

□falsch 違った　□s Passwort パスワード

B

Welche Tasten [nochmal] drücken? ★3

[ええと、]どのキーを押せばいいんだっけ？

C

Finde die Datei nicht.

そのファイルが見つからない。

D

Muss konvertiert werden.

変換しなくちゃ。　直訳 (それは)変換されねばならない。

E

Daten sichern.

バックアップとらないと。 [直訳] データを保存する。

F

Ist schreibgeschützt.

読み取り専用だ。 [直訳] 書き込み禁止されている。

G

Kein Ton.

音が出ない。 [直訳] 音がない。

H

Nicht kompatibel.

互換性なし。

I

Tolles Programm!

すごいソフト!

J

Die Maus ist tot.

マウスが動かない。 [直訳] マウス(ねずみ)が死んだ。

MEMO

★1 ▶ Gibt's ~? ⇄ Gibt es ~? の融合形。

★2 ▶ Komm nicht rein. ⇄ Ich komme nicht ins Netz [rein]. の省略表現。

★3 ▶ Welche Tasten nochmal drücken? → ここでの nochmal は、キーの組み合わせをすでに知っていたはずだが、現時点では思い出せないというニュアンス。

リフォーム・修理

RENOVIEREN - REPARIEREN

A

Höchste Zeit, was zu machen.

もう、どうにかしなくちゃ。 [直訳] 何かするギリギリの時。

□höchste Zeit ギリギリの時

Zunächst Angebote einholen.

とりあえず見積もり取ろう。

□zunächst まずは □s Angebot オファー □ein|holen 受け取る

Was ist mit Zuschüssen?

補助金出るかなぁ？ [直訳] 補助金についてはどうか。

□Was ist mit 〜? 〜はどうなる？ □r Zuschuss 補助金

B

Vorher abkleben.

塗る前にマスキングテープ。 [直訳] あらかじめマスキングテープを貼る。

C

[Das] Geht nur mit [der] Zange. ★1

これはペンチでないとダメだ。 [直訳] これはペンチを使うしかない。

D

Reparieren zwecklos.

修理しても意味ない。

E

Wasserhahn tropft.

蛇口が漏れてる。

F

Schließt nicht richtig.

ちゃんと閉まらない。

G

[Das] Klemmt.

引っかかってる。

H

Muss geschmiert werden.

油差そう。 [直訳] 油が差されねばならない。

I

Im Baumarkt besorgen. ★2

ホームセンターで買おう。

J

Selbst ist der Mann 〈die Frau〉! ★3

自分でやるしかない！

SZENE 2

家庭生活

MEMO

★1 ▶ [Das] Geht nur mit 〜 . (〜を使うしかない) 例: Das geht nur mit [der] Bohrmaschine. (電気ドリルを使うしかない) / Geht nur mit [dem] Hammer. (ハンマーを使うしかない) など。

★2 ▶ Im Baumarkt besorgen. → ここでの besorgen は「日曜大工・工作などのための道具・部品を揃える」という意味。

★3 ▶ Selbst ist der Mann! または Selbst ist die Frau!。 → DIY・日曜大工派の常套句。

ティータイム・来客

TEEPAUSE - GÄSTEBESUCH

A

Grünen oder schwarzen [Tee]? ⋆1

緑茶か紅茶か？

□grün 緑の □schwarz 黒の □r Tee お茶

Heute mal Darjeeling.

今日はダージリンにしよう。　直訳 今日はダージリンにしてみる。

□heute 今日 □mal やっぱり □r Darjeeling ダージリン[茶]

Maximal 3 Minuten. ⋆2

3分待って。　直訳 最大3分間。

□maximal 最大 □e Minute 分

B

Teegebäck ist noch da.

お茶菓子はまだあるな。

C

Noch schnell zur Konditorei.

ちょっとケーキ買ってこよう。　直訳 さっとケーキ屋まで。

D

Bio-Tee ist gesünder.

有機のお茶は体にいい。　直訳 有機茶はより健康的だ。

E

Freu[e] mich auf die Gäste. ★3

来客が楽しみだ。

F

Das sind alles Kaffeetrinker.

全員コーヒー党か。　[直訳] それはみんなコーヒー飲む人だ。

G

[Der] Besuch kommt etwas später.

客は少し遅れるようだ。　[直訳] 訪問客は少し遅れてくる。

H

Die kommen mit Hund!

なんと犬も来るのか！　[直訳] 連中は犬を連れてくる！

I

Was ist mit Abendessen?

夕食はどうしよう？　[直訳] 夕食に関してはどうなるのか？

J

Man kann was bestellen.

出前も取れる。　[直訳] 人は何か注文できる。

SZENE 2

家庭生活

MEMO

★1 ▶ [Nehmen wir] Grünen oder schwarzen [Tee]? の省略形。

★2 ▶ Maximal 3 Minuten [ziehen lassen]. (最長3分間 [抽出する])

★3 ▶ [Ich] Freu[e] mich auf die Gäste. の省略形。

ペット

HAUSTIERE

A

Der Hund will raus.

犬が出たがってるな。　[直訳] 犬が外へ行きたがる。

☐ r Hund 犬　☐ raus 外へ

Wo ist die Leine?

リードどこだっけ？　[直訳] リードはどこにあるか？

☐ wo どこに　☐ e Leine リード

[Kot]Beutel nicht vergessen.

袋を持って行こう。　[直訳] ［ウンチ］袋を忘れないよう。

☐ r Kotbeutel ウンチ袋　☐ vergessen 忘れる

B

Katzenstreu wechseln.

猫トイレをきれいにしよう。　[直訳] 猫砂を交換する。

C

Futter für den Hamster.

ハムスターの餌か。　[直訳] ハムスターのための餌。

D

Vogeltränke auffüllen.

小鳥の水を一杯に。　[直訳] 小鳥の水飲みを満たす。

E

Das Tier ist krank. ★1

この子病気かな。 [直訳] ペットが病気だ。

F

Frisst kaum was. ★2

食欲ないね。 [直訳] ほとんど何も食べない。

G

Tierarzt anrufen.

獣医に電話しよう。

H

Mieze will spielen.

ニャンコが遊びたがってる。

I

Die Katze kommt mit.

猫も連れて行こう。 [直訳] 猫も一緒に来る。

J

Ein Aquarium beruhigt [kolossal].

アクアリウムって癒すんだよね。 [直訳] アクアリウムは [ものすごく] 心を落ち着かせる。

K

Ein Leben ohne Hund ist sinnlos. ★3

犬のいない人生なんて意味ないよ。 [直訳] 犬なしの人生は無意味である。

> ### MEMO
>
> ★1 ▶ s Tier（動物）。ここでは s Haustier（ペット）の意味。ドイツ語でTierは人間以外の生き物全てを指す。したがって昆虫も Tier に含まれる。
>
> ★2 ▶ frisst は fressen（[動物が] 食べる）の活用形。→「[人間が] 食べる」は essen。
>
> ★3 ▶ Ein Leben ohne Hund ist sinnlos. → Katzen sind die besten Hausgenossen.（猫って最高の同居人だ）

庭・家庭菜園

GARTEN - GEMÜSEGARTEN

A

Gartencenter-Werbung.

ガーデンセンターの広告だ。

□s Gartencenter ガーデンセンター □e Werbung 広告

Küchenkräuter runtergesetzt.

キッチンハーブが安い。　直訳 キッチンハーブは値下げされた。

□d Küchenkräuter キッチンハーブ □runter|setzen 値下げする

Auf Gartengeräte 30 Prozent.

園芸用品が3割引き。　直訳 園芸ツールは30%オフ。

□s Gartengerät 園芸用品 □s Prozent パーセント

B

Neue Gartenschere [wäre] fällig. ★1

新しい植木ばさみ買うか。　直訳 新しい庭ばさみの（買う）時期だ。

C

Auch Blumenerde mit[nehmen].

培養土も買おう。　直訳 培養土も持って行く。

D

Mal wieder Hecke schneiden.

そろそろ垣根を刈り込もう。　直訳 久しぶりに垣根を切る。

E

Minitomaten für die Veranda.

ベランダ用ミニトマト。

F

Hier muss gegossen werden.

ここに水やらないと。　直訳 ここに水が注がれないと。

G

Ein bisschen Dünger.

少し肥料やろう。　直訳 肥料少々。

H

Sollte umgetopft werden.

植え替えないとね。　直訳 植え替えた方が望ましい。

I

Stiefmütterchen pflanzen. ★2

パンジーを植えよう。

J

Kampf dem Unkraut! ★3

雑草撲滅作戦でいこう！　直訳 雑草に宣戦布告！

MEMO

★1 ▶ ～ *wäre* fällig.（～にした方がいいかも・手に入れた方がいいかも）。それに対して、～ *ist* fällig. は、（～した方がいい）と言い切るニュアンス。

★2 ▶ Stiefmütterchen pflanzen. ⇄ Stiefmütterchen setzen. とも言える。

★3 ▶ Kampf dem Unkraut! ⇄ Weg mit dem Unkraut! とも言える。→ 害虫などとの戦いの場合は、次の表現で個人的ストレスレベルを下げよう。例：Weg mit den Blattläusen!（アブラムシ）/ Weg mit den Nacktschnecken!（ナメクジ）/ Kampf der Mückenplage!（厄介な蚊）。

電話・メール・連絡

TELEFON - MAIL - KONTAKTE

A

Vertrag viel zu teuer.

この契約高すぎるよ。

□r Vertrag 契約　□viel zu あまりにも　□teuer 高価な

Provider wechseln?

プロバイダー変えようか。

□r Provider プロバイダー　□wechseln 変える

Günstigen Tarif suchen.

得なプラン探そう。　　[直訳] リーズナブルな料金プランを探す。

□günstig 手頃な　□r Tarif 料金（電話・ネットなどの）

B

Mit Internet-Flat. ★1

ネット利用無制限で。　　[直訳] インターネット定額制で。

C

Gutes Preis-Leistungs-Verhältnis.

コスパがいい。　　[直訳] よい対費用効果。

D

Lässt sich nicht entsperren.

ロック解除できない。

E

Mailbox[nachrichten] abrufen.

メールボックス[のメッセージ]をチェック。 [直訳] メールボックス[メッセージ]を呼び出す。

F

Smartphone 〈Klingelton〉 ausschalten. ★2

スマホ〈着信音〉を切る。

G

Mail oder SMS [schicken]?

メールかSMS[送る]か。 [直訳] メールまたはSMS[を送る]か?

H

Mail unzustellbar.

メール配信不可なの。

I

Falsch verbunden. ★3

間違い電話だ。 [直訳] 誤って接続された。

J

Gärtnerei anrufen.

植木屋に連絡。 [直訳] 植木屋に電話する。

MEMO

★1 ▶ e Internet Flat[rate] (英語 *flat rate* = 定額制)。

★2 ▶ s Smartphone ⇄ s Handy (携帯)【独製英語】とも言う。Handyは元々「ガラケイ」のことを指すが、言いやすいのでSmartphoneの代わりにもよく使われている。

★3 ▶ Falsch verbunden. → かつて電話回線を接続する業務を行っていた「電話交換手」の時代からの慣用表現。自分が誤ってかけた場合も、間違え電話を受けた場合も同じ表現。

家族について

FAMILIE

A

Neujahr Richtung Heimat?

お正月は帰省するか。　[直訳] お正月はふるさとの方へ？

□s Neujahr お正月　□e Richtung 方面　□e Heimat 故郷

Eltern lange nicht gesehen.

親の顔見るのも久しぶり。　[直訳] 両親に長い間会わなかった。

□d Eltern 両親　□lange 長い間　□sehen 顔を合わせる

Alle freuen sich [drauf].

みんな楽しみにしてる。　[直訳] みなは [それを] 楽しみにしている。

□alle みな　□sich freuen auf ～ ～を楽しみにする

B

Mit [Schwieger]Mutter telefonieren.

[義理の] 母に電話しよう。

C

Am Wochenende ganz für die Family. ★1

週末は家族サービス。　[直訳] 週末はすっかりファミリーのため。

D

Zuhaus ist es am schönsten.

ウチが一番。　[直訳] 自宅が一番いい。

E

Da kommt bald Nachwuchs.

もうすぐ赤ちゃんが生まれる。　[直訳] あそこはもうすぐ子孫が到来する。

F

Was machen die Kinder 〈Enkel〉?

子ども〈孫〉たち元気にしてるかな？　[直訳] 子ども〈孫〉たちは何をしているかな？

G

Geburtstag 〈Hochzeitstag〉 nicht vergessen!

誕生日〈結婚記念日〉は忘れちゃいけない！

H

Ein Grund zum Feiern.

お祝いしなくちゃね。　[直訳] お祝いの理由。

I

Alles unbekannte Verwandte.

知らない親戚ばっかりだ。　[直訳] 全てが知らない親戚だ。

J

Familientreffen schlauchen. ★2

家族行事は結構くたびれるよ。　[直訳] 一族の行事は大変疲れる。

MEMO

★1 ▶ Am Wochenende ganz für die Family. ⇄ Am Wochenende ganz für die Familie. → 英語 *family* 出来のe Familyは、ドイツ語のe Familieに比べると、今風の軽い表現になる。「ウチの連中」に近い感じ。

★2 ▶ Familientreffen schlauchen. → s Familientreffen とは [Großes] Familientreffen mit Verwandtschaft（親戚ぐるみの集まり・一族の行事など）の意味にもなる。schlauchen は口語ドイツ語で「人のエネルギーを奪う」という意味。例：Das schlaucht gewaltig.（ものすごく疲れるもんだ）。

近所付き合い

NACHBARSCHAFT

Ⓐ

Freundliche Nachbarn.

お隣さんは感じいいね。 　直訳 　親切な隣人。

☐ freundlich 優しい ☐ d Nachbarn 隣人

Man hilft sich.

隣近所で助け合ってる。 　直訳 　人はお互いを助けている。

☐ sich helfen 助け合う

Angenehmes Miteinander.

いい関係だ。 　直訳 　心地よい一体感。

☐ angenehm 快適な ☐ s Miteinander 交際

Ⓑ

Diese Woche für Müll zuständig. ＊1

今週はゴミ当番だ。 　直訳 　今週はゴミ担当。

Ⓒ

Nebenan niemand da?

隣は留守かな？ 　直訳 　隣は誰もいないのかな？

Ⓓ

Da ist jemand zugezogen.

誰か引っ越してきたんだ。

E

Die links sind ein bisschen komisch.

左隣の人は少し変わってる。　直訳 左側の人達は少しおかしい。

F

Die über uns machen wieder Remmidemmi. ★2

上の連中またうるさいなあ。　直訳 私たちの上にいる人がまた騒ぎをする。

G

Nächstes Jahr Vorstandsvorsitz. ★3

来年は理事長役が回ってくるなぁ。　直訳 来年理事長役。

H

Beitrag für den Nachbarschaftsverein.

自治会費か。　直訳 町内会のための会費。

I

[Die beiden sind ein] Recht kontaktfreudiges Paar.

[あの2人は]ずいぶん社交的な夫婦だな。

J

Hier passen alle [höllisch] auf. ★4

このあたりは防犯モデル地区。　直訳 ここでは皆、[地獄のごとく]見張っている。

MEMO

★1 ▶ [Ich bin / Wir sind] Diese Woche für Müll zuständig. の省略バージョン。

★2 ▶ Die über uns machen wieder Remmidemmi. → s Remmidemmi は口語ドイツ語で「どんちゃん騒ぎ」の意味。s Rambazamba / s Halligalli とも言う。

★3 ▶ r Vorstandsvorsitz = Vorstandsvorsitz für die Mieter- und Eigentümerversammlung.（マンションの賃借人およびオーナーの理事会の理事長役）

★4 ▶ Hier passen alle höllisch auf. → 口語ドイツ語で höllisch は「ものすごく」や「極度に」という意味。日本語の「地獄耳」の「地獄」に似ているニュアンス。

交際・付き合い

MENSCHLICHE BEZIEHUNGEN

A

Nette Person.

いい人。

□nett = *nice* □e Person 人物

Würde ich gern kennenlernen. ★1

親しくなりたいなぁ。

□gern 喜んで □kennen|lernen 顔馴染みになる

Hoffentlich noch single.

まだ独身だといいけど。　[直訳] 願わくばまだ独り者。

□hoffentlich 願わくば □noch まだ □single シングル

B

[Der/Die] Kann gut zuhören.

人の話をよく聴いてくれる。　[直訳][彼／彼女は]よく聴いてくれる。

C

Die zwei haben was miteinander.

あの2人できてるな。　[直訳] あの2人、なんかの相互関係を持っている。

D

Genau mein Typ.

私の大好きなタイプ。　[直訳] まさに私のタイプだ。

E

Charakterlich zu verschieden.

性格が違いすぎる。　[直訳] 性格的に余りにも違う。

F

Da läuft nichts. ★2

うまくいかないなぁ。　[直訳] 何も動かない。

G

Kennen uns schon ewig.

ずっと昔からの付き合いだ。　[直訳] （私たちは）すでに永遠の昔からの知り合いだ。

H

Man kann [ziemlich] gut miteinander. ★3

気が合うね。　[直訳] お互いに[とても]気が合う。

I

Ein guter Bekannter 男 〈Eine gute Bekannte 女〉.

よく知ってる人だ。

J

Ein Herz und eine Seele. ★4

一心同体。　[直訳] 心は一つ、魂も一つ。

MEMO

★1 ▶ Würde ich gern kennenlernen. ⇄ Die 女 würde ich gern kennenlernen. / Den 男 würde ich gern kennenlernen. （その人と親しくなりたいなぁ）の ひとりごと。

★2 ▶ Da läuft nichts. → 人間関係や状況の判断に幅広く使える表現。＝「思った ほど何も始まらない・動かない / 思ったより進展がない / 全くの停滞だ」など。

★3 ▶ Man kann gut miteinander. ⇄ Wir 〈Sie〉 können es gut miteinander. （私たち〈彼ら〉は気が合う）とも言える。

★4 ▶ Ein Herz und eine Seele. ⇄ Die beiden sind ein Herz und eine Seele. （あの2人は波長が合う）ドイツ語の慣用表現。

お祝い事

FEIERLICHE ANLÄSSE

A

Nächstes Jahr Ratten-Jahr. ★1

来年はネズミ年。

□nächst 次の □s Jahr 年 □e Ratte ラット

Diesmal wieder Karten [schreiben]?

また年賀状書くのか。 [直訳] 今回またはがきを[書く]?

□diesmal 今回 □wieder 再び □e Karte カード

Oder einfach nur per Mail?

それとも (年賀) メールだけで済まそうか？ [直訳] それともただメールだけで？

□oder または □einfach nur 〜 ただ〜だけ □per 〜 〜で □e Mail メール

B

Was kann man da schenken?

何をあげればいいのかな？ [直訳] 人はその場合、何を贈れる？

C

[Gratulationskarte] Rechtzeitig schreiben.

[お祝いを] 早めに書くことだ。

D

Herzlichen Glückwunsch!

おめでとうございます！ [直訳] 心から幸運の祝意を。

Blumenstrauss besorgen. ★2

花束買っておこう。 [直訳] 花束を手にいれる。

[Ein] Geldbetrag geht auch.

金一封でもいいか。 [直訳] ある金額でもいける。

Wird das gefeiert?

それもお祝いするの? [直訳] それは祝われる?

Wieder Zeit für Sommer-Präsente 〈Winter-Präsente〉. ★3

もうお中元〈お歳暮〉の時期だ。 [直訳] また夏〈冬〉の贈り物の時。

Weihnachtsgeschenke suchen.

クリスマスプレゼントを探さなきゃ。

[Das] Kommt von Herzen.

心を込めた贈り物。 [直訳] それは心から届きます。

SZENE 2 家庭生活

MEMO

★1 ▶ Nächstes Jahr Ratten-Jahr? → 牛 Büffel-Jahr / 虎 Tiger-Jahr / 卯 Hasen-Jahr / 辰 Drachen-Jahr / 巳 Schlangen-Jahr / 馬 Pferde-Jahr / 羊 Schafs-Jahr / 申 Affen-Jahr / 酉 Hahnen-Jahr / 犬 Hunde-Jahr / 猪 Wildschwein-Jahr【口語】。

★2 ▶ Blumenstrauss besorgen. → ここでのbesorgenは「必要な物を買ってくる」という意味。

★3 ▶ Wieder Zeit für Sommer-Präsente 〈Winter-Präsente〉. → 日本の習慣を説明するドイツ語の本・HPなどにs Geschenk zur Jahresmittte (お中元) / s Geschenk zum Jahresende (お歳暮) という記載も見られる。しかし「ひとりごと」としてはs Sommer-Präsent / s Winter-Präsentのような言いやすい表現が望ましい。

人生の節目に

LEBENSABSCHNITTE

A

Hochzeit [ist] im Mai.

結婚式は5月だ。

□ e Hochzeit 結婚 [式] □ r Mai 5月

Im Juni ins neue Heim.

6月には新居での生活。

□ r Juni 6月 □ neu 新しい □ s Heim = *home*

Flitterwochen später. ★1

ハネムーンは後にしよう。

□ d Flitterwochen ハネムーン □ später = *later*

B

Endlich volljährig!

やっと成人になった！ 　直訳 やっと成人。

C

Das erste Gehalt!

初めての給料だ。 　直訳 最初の給料。

D

Der letzte Schultag.

今日で学校卒業。 　直訳 最後の登校日。

E

Bald in Rente. ★2

もうすぐ年金生活。

F

Man ist auch nicht mehr 20.

もう若くはないんだから。 直訳 人はもはや20才ではない。

G

Wieder ein Jahr um. ★3

また一年過ぎた。

H

Das wird groß gefeiert.

それは派手に祝わなくちゃ。 直訳 それは大掛かりに祝われる。

I

Bisher ist alles gut gelaufen.

これまでついてたからね。 直訳 これまでは全てがうまく進んでた。

J

Nochmal ganz neu anfangen.

初心に帰ってやろう。 直訳 もう一度新しく始める。

MEMO

★1 ▶ Flitterwochen später. → d Flitterwochen は e Hochzeitsreise（新婚旅行）とも言う。ただし Flitterwochen は新婚生活全体の意味にもなる。

★2 ▶ Bald in Rente. → e Rente（年金）。In Rente sein ⇄ Rente beziehen（年金生活をしている）。年金生活者は、r Rentner 男 / e Rentnerin 女。

★3 ▶ Wieder ein Jahr um. ⇄ Wieder ein Jahr vorbei. ひとりごとでは、短い一音節の um の方が言いやすい。

SZENE 3

社会生活

仕事

ARBEIT & JOB

A

Muss heute noch gemacht werden.

今日中に片付けなくちゃ。 [直訳] 今日のうちになされねばならない。

□heute noch 今日のうちに □machen する

Wo waren die Unterlagen?

書類どこにあったかな。

□wo どこに □d Unterlagen 書類

Mal jemand fragen.

ちょっと誰かに聞いてみよう。

□mal ちょっと □jemand 誰か □fragen たずねる

B

Das kommt in den Schredder. ★1

これはシュレッダー行き。 [直訳] これはシュレッダーに入ります。

C

Text nochmal checken.

原稿をもう一度チェック。

D

Irgendwas ist mit dem Drucker.

プリンターがおかしい。 [直訳] プリンターに関して何かある。

- 088 -

E

Das kann in den Papierkorb.

これは捨てよう。 　直訳 これはくずかごに入ってもいい。

F

Das muss da hin. ★2

ここ〈そこ〉に入れなきゃ。 　直訳 これはそちらへ行くべき。

G

Ist das so wichtig?

そんなに大事かな？ 　直訳 これはそんなに重要ですか？

H

Eins nach dem anderen.

一つずつね。 　直訳 一つの後にまた一つ。

I

Nicht ablenken lassen.

集中しよう。 　直訳 気を散らされない。

J

Wieder mal Überstunden!

また残業！

K

Immer ich!?

また、わたし!? 　直訳 いつも私か!?

┌─ **MEMO** ─────────────────────

★1 ▶ Das kommt in den Schredder. ここでの kommt in ～ は「～に来る」で
　　　はなく、「～に入る」という意味。

★2 ▶ Das muss da hin.（そこに…しなきゃ）。あるものを、あるふさわしい場所 に
　　　置く・入れる・挟む・記入する・ファイルするなど、広く使える表現。これに対
　　　して Das kann da hin.（そこに…して良い）と言うと、「ここでも良い」と自由度
　　　のある判断になる。

役所・郵便局・銀行

BEHÖRDE – POST – BANK

A

Alles dabei? ⋆1

全部揃ってるか。 [直訳] 全部所持している?

□alles 全て □dabei|haben 所持する

Ziemlich voll heute.

混んでるな。 [直訳] 今日はかなり混んでいる。

□ziemlich かなり □voll 一杯 □heute 今日

Dann eben später.

じゃ、後にしよう。 [直訳] じゃあ後で。

□dann eben それなら □später = *later*

B

[Eine] Nummer ziehen.

整理券か。 [直訳] 番号を引く。

C

[Erstmal] Formular ausfüllen.

まず用紙に記入。

D

Ohne [Namens]Stempel geht gar nichts.

印鑑がないとダメか。 [直訳] 印鑑なしで何も動かない。

E

Führerschein verlängern [lassen].

免許証の更新だ。　[直訳] 免許証を延長させる。

F

Geld abheben.

お金をおろそう。　[直訳] お金を引き出す。

G

Wie war nochmal die PIN? *2

暗証番号は何だったっけ？

H

Geht leider nicht online.

ネットじゃだめだ。　[直訳] 残念ながらオンラインではうまくいかない。

I

Bis wann geöffnet?

何時まで営業？　[直訳] 何時まで開いている？

J

Automat geht schneller. *3

ATMの方が早い。　[直訳] ATMはより早く進む。

MEMO

★1 ▶ Alles dabei? ⇄ Habe ich alle benötigten Sachen dabei? (私は全ての
必要な物を持って来たか？) の省略形。→ 例えば：d Unterlagen (書類) / r
Stempel (印鑑) / r [Kranken]Versicherungsausweis ([健康] 保険
証) / s Bankbuch (通帳) / e Cash-Karte (キャッシュカード) など。

★2 ▶ Wie war nochmal die PIN? → ここでの nochmal は、e PIN (個人認証
番号) を覚えていたのに、ど忘れで「再び」思い出せないイラ立ちを表している。

★3 ▶ Automat geht schneller. ⇄ Am Geldautomaten geht es schneller.
(現金自動支払機でより早く進む) の省略形。

28 - achtundzwanzig 🔊 28

駅

BAHNHOF

A

Shinkansen reservieren. ★1

新幹線を予約しよう。　[直訳] 新幹線を予約する。

□r Shinkansen 新幹線 □reservieren リザーブする

Rückfahrkarte mit Übernachtung. ★2

ホテル付きの往復切符。　[直訳] 宿泊付きの往復券。

□e Rückfahrkarte 往復券 □e Übernachtung 宿泊

Lunchbox am Bahnhof. ★3

駅弁にしよう。　[直訳] ランチボックスを駅で。

□e Lunchbox お弁当 □r Bahnhof 駅

B

Muss den Zug noch erwischen.

あの電車に乗らなくちゃ。　[直訳] やっぱりあの電車を捕まえなきゃいけない。

C

Erstmal Karte aufladen.

まずチャージ。　[直訳] まずカードをチャージする。

D

[Der] Hält hier nicht.

この駅は通過。　[直訳] [あれは]ここに停まらない。

E

Nächste umsteigen.

次乗り換え。　直訳 次は乗り換える。

F

Wo ist die Rolltreppe?

エスカレータはどこ？

G

Ziemliche Schlange [am Schalter].

[窓口は] かなり並んでる。　直訳 [窓口に] かなりの列。

H

[Muss] Nachzahlen.

清算しなきゃ。　直訳 後払いする必要がある。

I

Wo ist die Fahrkarte?

切符がない！　直訳 切符はどこにある？

J

Mit [der] Bahn 〈U-Bahn〉 geht´s schneller.

電車〈地下鉄〉の方が早い。　直訳 電車〈地下鉄〉で早く行ける。

MEMO

★1 ▶ r Shinkansen（新幹線）【ドイツ語圏でもよく通じる名称】
　⇄ Japans Hochgeschwindigkeitszug（日本の高速列車）。

★2 ▶ e Rückfahrkarte（往復券）⇄ e Rückfahrt（往復）とも言う。「片道」は
　einfache Fahrt。

★3 ▶ e Lunchbox → e Bento-Box / s Bento という言い方も日本びいきの若者の
　間で使われている流行語らしい。

通勤・通学

ARBEIT-SCHULE-UNI

A

Herrlich, mit dem ersten Zug ⟨Bus⟩! [1]

始発は最高！　直訳 素晴らしい、始発電車〈バス〉で！

□herrlich 見事な　□erst = first　□r Zug 列車

Da kann man noch sitzen.

座れるからね。　直訳 そのとき人はまだ座れる。

□noch まだ　□sitzen 座る

Rushhour ist die Hölle. [2]

ラッシュは地獄だ。

□e Rushhour ラッシュアワー　□e Hölle 地獄

B

Heute mal mit dem Rad zur Firma ⟨Schule / Uni⟩.

今日は自転車通勤〈通学〉だ。　直訳 今日は自転車で会社〈学校／大学〉へ〈行くか〉。

C

Monatskarte vergessen!

定期忘れた！

D

Besser Schirm mitnehmen.

傘持ってった方がいい。　直訳 傘を持っていく方がベター。

E

Bus 〈Zug〉 hat Verspätung.

バス〈電車〉が遅れてる。

F

Verspätungsschein? ★3

遅延証明書もらえるかな？　[直訳] 遅延証明書は？

G

Schon wieder Personenunfall. ★4

また人身事故か。

H

Bisschen zu dünn angezogen.

ちょっと薄着だった。

I

Jetzt aber Beeilung!

さぁ、急がないと！

J

Bei Regen macht´s keinen Spaß.

雨降りのときは辛い。　[直訳] 雨のときは楽しくない。

MEMO

★1 ▶ Herrlich, mit dem ersten Zug 〈Bus〉! → この ersten は、状況によって「朝一番」か「その駅〈ターミナル〉で最初の便」の意味になる。

★2 ▶ e Rushhour ⇄ e Stoßzeit とも言う。同じラッシュでも、r Berufsverkehr は特に「自動車のラッシュ」。

★3 ▶ r Verspätungsschein は e Verspätungsbescheinigung の口語バージョン。

★4 ▶ r Personenunfall（人身事故）はドイツ語圏の鉄道会社の社内用語。この婉曲的表現は乗客への案内にも使用されている。

商店

GESCHÄFT

A

Schöne Ladenstraße. ★1

良い商店街だね。

□schön 素敵な　□e Ladenstraße 商店街

Viele alte Geschäfte.

老舗が多い。　[直訳] 多くの古い店。

□viele 多くの　□alt 古い　□s Geschäft 商店

Hier macht Einkaufen Spaß.

ここでのショッピングは楽しい。

□s Einkaufen ショッピング　□macht Spaß 楽しい

B

Nette Auslage.

ディスプレーがお洒落だ。　[直訳] 感じのいいディスプレー。

C

Man kommt gern wieder.

また来よう。　[直訳] 人は喜んで再び訪れる。

D

Da gibt´s immer was dazu. ★2

いつもオマケくれるんだ。　[直訳] そこはいつも何かちょっとしたグッズが出る。

E

Frisches Brot [ist] hier am besten.

ここの焼きたてパンは最高。　直訳 ここは焼きたてのパンが一番だ。

F

Tolle Buchauswahl.

良い本置いてるね。　直訳 優れた本の品揃え。

G

Buchhandlungen werden auch [immer] weniger.

本屋も少なくなった。　直訳 本屋もますます減ってしまう。

H

Gemüse ist immer frisch.

いつも野菜が新鮮でいい。　直訳 野菜がいつも新鮮だ。

I

Bisschen teuer hier.

この店高いなぁ。　直訳 この店ちょっと高いなぁ。

J

Lieber im Fachhandel [kaufen].

専門店で買おう。　直訳 むしろ専門店で[購入する]。

K

Wann haben die hier zu? ★3

定休日はいつだろう？　直訳 ここはいつ閉まっている？

SZENE 3

社会生活

MEMO

★1 ▶ e Ladenstraße ⇄ e Geschäftsstraße とも言う。→ e Ladenpassage (パサージュ) はガラスのアーケードなどに覆われた、歩行者専用の商店街。

★2 ▶ Da gibt's immer was dazu. → Es gibt [et]was dazu 〈extra〉. (おまけがつく) は慣用表現。

★3 ▶ Wann haben die hier zu? ⇄ Wann ist hier geschlossen 〈Ruhetag〉? とも言える。→ Heute Ruhetag (本日定休日)

デパート・スーパー

KAUFHAUS - SUPERMARKT

A

[Die] Feinkostabteilung ist mein Revier! ★1

デパ地下大好き！ 直訳 グルメ食品セクションは私の縄張りだ。

□e Feinkostabteilung デリカテッセン売り場 □s Revier 縄張り

Genuss, wohin das Auge blickt.

どこを見ても美味しそう。 直訳 目が見渡す限りご馳走。

□r Genuss 賞味 □wohin いたるところ □s Auge 目 □blicken 目を向ける

Okinawa-Aktionswoche.

沖縄フェアやってるんだ。

□e Aktion 活動 □e Woche 週間

B

B-Ware [mit kleinen Schönheitsfehlern].

少し訳あり商品。 直訳 ちょっと難あり商品。

C

Riesenauswahl an Spirituosen. ★2

お酒の種類が多い。

D

Kurzzeit-Angebot?

タイムセールか。 直訳 超短時間の提供品？

F

Wo stehen die Einkaufswagen? ★3

カート置き場どこだっけ？　[直訳] 買い物カートはどこに置いてある？

F

Joghurt ausverkauft?

ヨーグルトは売り切れか。

G

Beim Discounter billiger.

ディスカウントショップならもっと安い。

H

Mit dem Lift?

エレベータ使うか。

I

Im Kaufhaus teurer, dafür [aber] entspannter.

デパートは高いけど気分がいい。　[直訳] デパートではより高いが、その代わりによりゆったりだ。

J

Lange Schlange an der Kasse.

レジが混んでる。　[直訳] レジには長蛇の列。

┌─ **MEMO** ─────────────────────────────────

★1 ▶ e Feinkostabteilung（デリカテッセン売り場）は e Lebensmittelabteilung
（食料品売り場）とも言う。

★2 ▶ e Riesenauswahl ⇄ [sehr] große Auswahl. → riesen 〜 は「巨大な・
物凄い」と言う接頭辞。例：riesengroß（巨大な）/ e Riesendummheit（ひ
どい愚かさ）/ r Riesenerfolg（大成功）/ s Riesenrad（大観覧車）など。

★3 ▶ r Einkaufswagen（ショッピング・カート）→ r [Einkaufs]Korb（スーパー
のかご）

└──

ホームセンター

BAUMARKT

A

Das gibt´s [vermutlich] im Baumarkt.

ホームセンターにはある [かも]。 直訳 DIYショップに [おそらく] 存在している。

☐vermutlich ひょっとしたら ☐r Baumarkt ホームセンター

Die haben freundliches Personal.

店員が親切。 直訳 彼らは親切なスタッフを持っている。

☐freundlich フレンドリーな ☐s Personal スタッフ

Und jede Menge Parkplätze. ★1

駐車場も多い。 直訳 そしてかなり多くの駐車場。

☐jede Menge かなり多くの ☐r Parkplatz 駐車場

B

Haushaltsgeräte [sind] im Angebot.

家電製品はバーゲンか。 直訳 家電製品が特別提供品になっている。

C

Reichhaltige Auswahl.

品揃えが豊富。

D

Was gegen Termiten.

シロアリの薬。 直訳 シロアリに対するあるもの。

E

[Die] Preise stimmen hier. ★2

ここは高くない。　[直訳] ここの価格は合っている。

F

Gute Qualität.

品質がいいね。　[直訳] 良いクオリティー。

G

Alles leicht zu finden.

商品が探しやすい。　[直訳] 全てが見つけやすい。

H

[Das] Ist ein Schnäppchen. ★3

掘り出し物だ。

I

Noch Klebeband.

あと粘着テープも。

J

Heimwerkertipps kostenlos.

DIYのパンフレットが無料か。　[直訳] 日曜大工用のヒント集はただ。

MEMO

★1 ▶ Und jede Menge Parkplätze. ⇄ Und eine Menge Parkplätze. → jede Menge は「いくらでもある」というニュアンス。それに対して eine Menge は「かなりたくさんある」という意味。

★2 ▶ [Die] Preise stimmen hier. ⇄ [Die] Preise hier sind o.k. とも言える。単数の場合は [Der] Preis hier ist o.k. と言う。

★3 ▶ s Schnäppchen (格安品・お買い得品) → 激安店は r Schnäppchenladen / r Superdiscounter。

レストラン・カフェ

RESTAURANT - CAFÉ

A

Ist da noch Betrieb?

まだやってるかな？　直訳 あそこはまだ営業中？

□noch まだ　□r Betrieb 営業

Letzte Bestellung [bis]? ★1

ラストオーダー [は何時まで] かな？

□letzt 最後の　□e Bestellung 注文　□bis まで

Dann ist ja noch Zeit.

じゃ、まだちょっとゆっくりできるね。　直訳 そしたら、やはりまだ時間がある。

□dann それなら　□ja やはり　□e Zeit 時間

B

Heute auf der Tageskarte?

今日のおすすめは？　直訳 今日は日替わりメニューは？

C

Gute Hausmannskost.

おふくろの味だね。　直訳 良質の家庭料理。

D

Hier ist alles Bio.

ここは全てオーガニックか。

社会生活

E

[Ich] Bin hier Stammgast.

常連だからね。 　直訳 私はここの常連だ。

F

Das dauert [heute] aber.

[今日は]ずいぶん時間かかるな。 　直訳 しかし[今日]それは時間がかかる。

G

Die rösten ihren Kaffee selbst.

ここは自家焙煎だ。 　直訳 彼らは彼らのコーヒーを自分で焙煎している。

H

Mindestens 3 Sterne!

3つ星クラスだね！ 　直訳 少なくとも星が3つ！

I

Der Nachtisch ist ein Gedicht! ★2

このデザートは芸術だ！ 　直訳 このデザートは一つのポエムだ！

J

Recht zivile Preise.

庶民的な値段。 　直訳 かなり一般人向けの値段。

MEMO

★1 ▶ Letzte Bestellung bis? ⇄ Letzte Bestellung bis wann?（ラストオーダーは何時まで？）→ ドイツ語のメニュー記載例：Letzte Bestellungsannahme 21:00（最後のオーダー受付 21:00）。

★2 ▶ Der Nachtisch ist ein Gedicht! → 食べ物一般に関しての高評価は Das ist ein Gedicht! とも表現できる。ただし、この表現による評価の対象は主に洗練された食品に限定される。

約束

VERABREDUNG

A

Soll man da zusagen?

オッケーした方がいいかな。 [直訳] 人は同意した方がいいか。

□zu|sagen 承諾する

[Eigentlich] Keine Lust. ★1

面倒くさいなぁ。 [直訳] [そもそも] やる気がない。

□eigentlich 実は □keine Lust haben する気がない

Doch wohl besser absagen.

断った方がいいかも。 [直訳] やっぱり断った方がベター。

□doch wohl やっぱり □besser = *better* □ab|sagen 断る

B

Freu´ mich aufs Wiedersehen. ★2

また会えるのが楽しみだ。

C

Da kann ich leider nicht.

ちょっと都合悪いなぁ。 [直訳] そのとき私は残念ながらできない。

D

Geht´s nicht etwas später?

もう少し延ばせないか。 [直訳] ちょっと先ではいけないか。

E

Passt zeitlich. ★3

時間的には大丈夫。　[直訳] 時間的には合っている。

F

Alles Weitere per Mail.

詳しくはメールで。　[直訳] さらなることは全てメールで。

G

Einen Termin ausmachen.

日にちを決めよう。　[直訳] アポを打ち合わせる。

H

Da meldet sich niemand.

返事が全然ないなぁ。　[直訳] 誰も答えてくれない。

I

Im Kalender vormerken.

カレンダーにマークしてと。　[直訳] カレンダーに書き留めておく。

J

Diese Woche leider ganz schlecht.

今週はちょっと無理だ。　[直訳] 残念ながら今週は全くダメ。

MEMO

★1 ▶ Eigentlich keine Lust. ⇄ Ich habe eigentlich keine Lust. (実は私はやる気がない) のショート・バージョン。

★2 ▶ Freu´ mich aufs Wiedersehen. ⇄ Ich freue mich auf das Wiedersehen. のひとりごとバージョン。

★3 ▶ Passt zeitlich. ⇄ Das 〈Es〉 passt [mir] zeitlich gut. とも言える。

居酒屋・ビアホール

KNEIPE - BIERSTUBE

A

Ein Bierchen nach Feierabend. ★1

仕事帰りにちょっと一杯。

□s Bierchen ビール　□r Feierabend 仕事終わり

Hühnerspießchen - lecker! ★2

やきとり、おいしい！

□s Hühnerspießchen やきとり　□lecker 旨い

Alles in Maßen.

ほどほどにしとこう。

□alles 全て　□in Maßen ほどほどに

B

Heute alkoholfrei. Muss noch fahren.

今日はノンアルコール。車だから。　直訳 今日はアルコールフリー。まだ運転しなきゃ。

C

Frisch vom Fass ist am besten.

樽生が一番旨い。　直訳 樽からの生が一番いい。

D

Was zum Knabbern?

おつまみが欲しい。　直訳 何かかじるものは？

料金受取人払郵便

牛込局承認

5337

差出有効期間
2024年11月13日
まで

（切手不要）

郵便はがき

162-8790

東京都新宿区
岩戸町12レベッカビル
ベレ出版

読者カード係　行

お名前	年齢
ご住所　〒	
電話番号	性別	ご職業
メールアドレス	

個人情報は小社の読者サービス向上のために活用させていただきます。

ご購読ありがとうございました。ご意見、ご感想をお聞かせください。

● ご購入された書籍

● ご意見、ご感想

● 図書目録の送付を　　　　　□ 希望する　　　□ 希望しない

ご協力ありがとうございました。
小社の新刊などの情報が届くメールマガジンをご希望される方は、
小社ホームページ（https://www.beret.co.jp/）からご登録くださいませ。

社会生活

E

Morgen bleibe ich trocken.

明日は休肝日にしよう。　　直訳 私は明日はドライで過ごす。

F

Hilft gegen Kater. ★3

二日酔い対策だ。　　直訳 二日酔いに効く。

G

Ziemlich laut hier.

かなり賑やかだね。　　直訳 ここは結構うるさい。

H

Sake aus der Region.

地酒か。　　直訳 地元のお酒。

I

Noch ein Gläschen an der Bude.

あと屋台でちょい飲み。

J

Nicht auf Firmenkosten?

交際費にならないかねぇ？　　直訳 会社の費用にならないか？

┌─ **MEMO** ─────────────────────────

★1 ▶ Ein Bierchen nach Feierabend. → s Bierchen の -chen はもともと「小さい・かわいい」を意味する語尾であるが、モノに付されて「ちょっとした・わずかな」という意味を付け加える。r Feierabend はもともと e Feier（お祭り・祭日）の前夜の意味。Feierabend は現在では「日々の仕事の終わり」を指す。

★2 ▶ s Hühnerspießchen ⇄ s Yakitori という言い方も日本びいきの若者の間で使われている流行語らしい。

★3 ▶ [Das] Hilft gegen Kater. → r Kater の意味はもともと「雄猫」。ただし二日酔いを意味する Kater は、r Katarrh（医学用語のカタル）の隠語として使用された昔の学生用語の名残。

└────────────────────────────────

公園・ウォーキング
PARK - SPAZIERGANG

A

Draußen frische Luft schnappen!

外の空気を吸ってこよう！ 　直訳 外で新鮮な空気を吸い込む！

□draußen 戸外 □frisch フレッシュな □e Luft 空気 □schnappen 捕まえる

Waldbaden und Stress abbauen. ★1

森林浴でストレス解消かな。

□s Waldbaden 森林浴 □r Stress ストレス □ab|bauen 撤去する

Tief durchatmen! Waldluft genießen! ★2

深呼吸！マイナスイオンたっぷり。 　直訳 深呼吸する！森の空気を楽しむ。

□tief 深く □durch|atmen 深呼吸する □e Waldluft 森の空気 □genießen エンジョイする

B

Besser mit Wanderschuhen.

ハイキングシューズの方がいいか。 　直訳 ハイキングシューズの方がベター。

C

Herrlich blauer Himmel.

空が青いなぁ。 　直訳 素晴らしい青い空。

D

[Heute] Viele Kinder draußen.

今日は子どもが多いな。 　直訳 ［今日は］多くの子どもが外に。

SZENE 3

社会生活

E

Angenehm milde Brise.

風が気持ちいい。　直訳 快適でマイルドなそよ風。

F

Schwalben sind wieder da.

ツバメが戻ってきた。　直訳 ツバメがまたそこにいる。

G

Schöne Herbstfärbung.

きれいに紅葉してる。　直訳 きれいな秋染め。

H

Vorsicht, Hornissen!

気をつけなくちゃ、スズメバチが出る！　直訳 注意！スズメバチ！

I

Enten 〈Fische〉 füttern im Park.

公園で鴨〈鯉〉に餌をやろう。　直訳 公園で鴨〈魚〉に餌を与える。

J

Hier gibt´s Marderhunde. ★3

ここはタヌキが出るぞ。　直訳 ここはタヌキが存在している。

MEMO

★1 ▶ s Waldbaden / e Waldtherapie または s Shinrin Yoku → 日本生まれの「森林浴療法」は、2010年代後半にアメリカやカナダ（*Forest Bathing*）を経由してヨーロッパにも広がり、ヨガ・ブームのときのように熱狂的なファン層が徐々に増えているらしい。

★2 ▶ ドイツ語で s Anion（マイナスイオン）は科学専門用語に限定。「マイナスイオン」と言う日本のウェルネス用語はむしろ [gute] Waldluft（森林の [良い] 空気）と訳した方が良い。

★3 ▶ Hier gibt´s Marderhunde. → r Marderhund（タヌキ）はもともとヨーロッパ原産ではなく、東アジアから帰化した外来種。適応力が高く、天敵が少ないため、ヨーロッパでも広く生息する。

災害対策

KRISENVORSORGE

A

Checkliste [für den] Ernstfall. *1

非常時のチェックリスト。　[直訳] 非常時のためのチェックリスト。

□e Checkliste チェックリスト　□r Ernstfall いざという時

Rucksack mit Notgepäck.

非常用持ち出しリュック。

□r Rucksack リュック　□s Notgepäck 非常用のグッズ

Fluchtwege [vorab] inspizieren.

避難経路の [事前] 確認。　[直訳] 逃げ道を [事前に] 調べる。

□r Fluchtweg 避難経路　□vorab 予め　□inspizieren チェックする

B

Gefahrenkarte checken.

ハザードマップのチェック。

C

Hygieneartikel, Medikamente, Erste-Hilfe-Kasten.

衛生用品、医薬品、救急箱。

D

Alles erdbebengesichert.

全て耐震済み。

E

Kurbelradio[lampe], Batterien.

手回し発電ラジオ [ライト]、電池。

F

Trinkwasser- und Lebensmittelvorrat anlegen.

飲料水と食料の準備。

G

Gaskocher und Kartuschen beschaffen.

ガスコンロとカートリッジを用意。 　直訳 ガスコンロとカートリッジを調達する。

H

Kontaktliste [für die Familie erstellen].

[家族] 連絡リスト [の用意]。 　直訳 [家族用の] 連絡リスト [を作成する]。

I

Bargeld und wichtige Dokumente.

現金と重要書類。

J

Notfall-Kit auch fürs Auto.

車用のサバイバルキットも。 　直訳 自動車のための緊急キットも。

K

Notfalltoilette im Internet bestellen.

簡易トイレをネットで注文しよう。 　直訳 非常用トイレをネットで注文する。

L

Wann war die nächste Katastrophenübung?

防災訓練はいつだったかな。 　直訳 次回の防災訓練はいつだった?

MEMO

★1 ▶ Checkliste 項目の例: r Schutzhelm (防災用ヘルメット) / e Kerze (ろうそく) / r Taschenwärmer (使い捨てカイロ) / e Decke (ブランケット)。

政治・経済

POLITIK - WIRTSCHAFT

A

Wieder Steuererhöhung.

また増税か。

□wieder また　□e Steuererhöhung 増税

Alles wird teurer.

なんでも高くなる。

□alles 全て　□teuer 高い

Bald sind Wahlen.

もうすぐ選挙だ。

□bald 近々　□e Wahl 選挙

B

Den 〈Die〉 kann man wählen.

この人なら一票入れてもいいな。　直訳 彼〈彼女〉を選ぶことができる。

C

Eine [politische] Farce. ＊1

[政治的] 茶番だ。　直訳 [政治的] 茶番劇。

D

Vernünftige [politische] Entscheidung.

筋の通った政策だ。　直訳 適正な [政治的] 決断。

E

Was ist mit [der] Rente?

年金はどうなる？　直訳 年金についてはどういうことですか。

F

[Die] Konjunktur schwächelt.

景気が悪くなったなぁ。　直訳 景気が弱くなっている。

G

Wechselkurse spielen verrückt.

為替相場がめちゃくちゃ。　直訳 為替レートが狂っている。

H

[Ein] Rechtsruck.

保守化だな。

I

[Fremd]Währungskonto?

外貨預金するか。　直訳 外貨貯金口座？

J

Arbeitslosigkeit steigend.

失業率上がってる。　直訳 失業が上昇しつつある。

K

[Wieder] Steuererklärung.

[また] 確定申告だ。　直訳 また税金の申告。

L

Wann kommt der Aufschwung?

景気はいつ良くなる？　直訳 好景気はいつ到来する？

┌─ MEMO ─────────────────────────

★1 ▶ e Farce → フランス語からの外来語。元の意味は「道化芝居」。

└────────────────────────────────

SZENE 4

健康・医療・環境

体調・気分

KÖRPERLICHE VERFASSUNG – STIMMUNG

A

Es geht [mir] wieder gut.

もうすっかり良くなった。 　直訳 私は再び元気です。

□Es geht gut うまくいく □wieder 再び

Bin wirklich froh!

実にうれしい。

□wirklich 本当に □froh うれしい

[Waren] Furchtbare Kopfschmerzen.

ひどい頭痛 [だった]！

□furchtbar 恐ろしい □r Kopfschmerz 頭痛

B

Komme kaum aus dem Bett.

起きるのがやっとだ。 　直訳 ベッドからほとんど起き上がれない。

C

Irgendwie fiebrig.

熱っぽいなぁ。 　直訳 何となく熱っぽい。

D

Leicht erkältet.

風邪気味だ。 　直訳 軽い風邪引いた感じ。

E

[Hab´] Schüttelfrost.

寒気がする。　[直訳] [私は]悪寒がする。

F

Schlimme Verspannungen.

ひどい肩こり。

G

Irgendwie keine Lust.

やる気が出ない。　[直訳] 何となくやる気がない。

H

Hexenschuss? Bitte nicht! ★1

ぎっくり腰かな。まずい!　[直訳] 魔女の一撃? やめてくれ!

I

Alles tut [mir] weh.

体中が痛い。　[直訳] [私は]すべてが痛む。

J

Sterbe [fast] vor Hunger.

お腹が空いて死にそう。　[直訳] 空腹のあまりに死ぬ[間際]。

K

[Bin] In Höchstform!

絶好調!

SZENE 4

健康・医療・環境

MEMO

★1 ▶ r Hexenschuss → e Hexe（魔女）の矢に撃たれると病いにかかるという中世の考え。

病院

KLINIK

A

Neuer Patientenausweis erforderlich.

新しい診察券作らないと。 [直訳] 新しい診察券が必要。

☐neu 新しい ☐r Patientenausweis 診察券 ☐erforderlich 必要だ

Krankenversicherung noch gültig.

保険はまだ大丈夫。

☐e Krankenversicherung[skarte] 健康保険[証] ☐noch まだ ☐gültig 有効

Welche Abteilung nochmal? ★1

何科だっけ？

☐e Abteilung [診療] 科 ☐ ~ nochmal? ~だっけ？

B

Ziemlich viele Patienten.

患者が多いな。 [直訳] かなり多くの患者。

C

Erhebliche Wartezeit einkalkulieren.

かなり待たされる感じ。 [直訳] かなりの待ち時間を計算に入れる。

D

Zuerst Anamnese-Fragebogen [ausfüllen].

まず問診票 [に記入]。

E

Zum Glück nichts Schlimmes! ★2

幸い大したことなかった。　直訳 幸いに何も悪いことはない。

F

Notarzt rufen?

救急車を呼ぶか。　直訳 救急医を呼ぶか。

G

Oder Notambulanz?

救急外来か。　直訳 それとも救急外来？

H

[Hab´] Angst vor Spritzen.

注射キライ！　直訳 [私は]注射が怖い。

I

Medikamentenallergie?

薬物アレルギー？

J

Nächster Impftermin?

次の接種日は？

K

Freundliches Klinikpersonal.

病院のスタッフが優しい。

縦書き：SZENE 4　健康・医療・環境

┌─ **MEMO** ─────────────────────────

★1 ▶ Welche Abteilung nochmal? → ここでの nochmal は診療を受ける「科」の名称は知っていたはずだが、現時点では思い出せないという感じ。

★2 ▶ Zum Glück nichts Schlimmes! ⇄ Glücklicherweise nichts Schlimmes! または Gottseidank nichts Schlimmes!（良かった、たいしたことない）とも言う。

美容院・理髪店・エステ

FRISEUR〈KOSMETIK〉SALON

Ⓐ

Haarschnitt wäre fällig. ★1

そろそろ切ろうかな。　[直訳] ヘアーカットが迫っている。

□r Haarschnitt ヘアーカット

Graue Haare unübersehbar.

白髪が目立ってきた。　[直訳] グレー・ヘアー無視できない。

□grau グレー　□s Haar 髪の毛　□unübersehbar 目立つ

Vielleicht mal Kurzhaarfrisur.

今回は短くしてみるか。　[直訳] もしかして今回は短髪に。

□vielleicht もしかして　□mal 一度　□e Kurzhaarfrisur ショートカット

Ⓑ

Mal ganz neuen Look.

雰囲気変えたい。　[直訳] 一度新しいルックスを。

Ⓒ

[Ein] Gutschein?

クーポンはあるかな？　[直訳] クーポンは？

Ⓓ

Noch ein bisschen heller.

もうちょっと明るい感じに。　[直訳] もう少し明るく。

E

Termine kaum zu bekommen.

なかなかアポが取れない。 直訳 アポはほとんど貰えない。

F

Hier ist immer voll.

いつも混んでるな。 直訳 ここはいつも一杯だ。

G

Nächster freier Termin?

いつ空いてるかな。 直訳 次の空いてる日にちは？

H

Bisschen zu viel geschnitten ...

ちょっと切りすぎたか…。

I

Wächst ja schnell wieder nach. ★2

すぐ伸びるからなぁ。 直訳 また早く生え代わるからなぁ。

J

Mal wieder zum Beautycenter.

久しぶりにエステ。 直訳 久しぶりにエステへ。

K

Express-Haarschnitt reicht.

1000円カットにしとこう。 直訳 スピードヘアーカットで十分。

MEMO

★1 ▶ ~ *wäre* fällig. の意味は「そろそろ〜にした方がいいかな・手に入れるかな」。
それに対して ~ *ist* fällig. は、「〜した方がいい」と言い切る。

★2 ▶ [Es] Wächst ja schnell wieder nach. → ここでの ja は「まぁいいか」という
ニュアンスで、a は短く発音される。

ジム

FITNESS-CENTER

A

Wieder brechend voll?

またすごく混んでるかなぁ。 [直訳] また破裂するほど一杯か。

□wieder また □brechend voll 溢れるほど混んでいる

Glück gehabt! Ganz leer.

ラッキー！すいている。 [直訳] 運が良かった！ 全く空っぽ。

□s Glück 幸運 □ganz 完全に □leer 空白の

Der 〈Die〉 ist immer da ...

あの人いつもいるな…。 [直訳] 彼〈彼女〉はいつもそこにいる…。

□immer いつも

B

Das schlaucht [ganz schön]. ★1

これはきつい。 [直訳] [結構]疲れさせる。

C

Beine ganz wackelig.

脚ガクガク。

D

Wieder schön trainiert.

いい運動したな。 [直訳] また良いトレーニングした。

E

Scheint zu wirken!

効いてる感じ！ 直訳 それは効いているように見える。

F

Eine Runde auf dem Laufband.

ランニングマシンで一走り。 直訳 ランニングマシンで一回り。

G

Atmen nicht vergessen…

呼吸を忘れずに…。

H

Ein Schlückchen zwischendurch. ★2

水分を取ろう。 直訳 途中での一口を。

I

Kurze Verschnaufpause.

ちょっと一息。 直訳 短い息抜きの休憩。

J

Richtig schön geschwitzt.

いい汗かいた。

K

Zum Schluss [noch] ein paar Liegestütze.

最後に腕立て伏せ数回。

MEMO

★1 ▶ Das schlaucht [ganz schön]. → schlauchen は口語ドイツ語で「人の力を奪う」という意味。例：Das schlaucht gewaltig. (ものすごく疲れる)。

★2 ▶ s Schlückchen の -chen はもともと「小さい・かわいい」を意味する語尾であるが、モノに付されて「ちょっとした・わずかな」という意味を付け加える。

スポーツクラブ

SPORTKLUB

A

Mitgliedskarte erneuern.

会員券の更新か。

□ e Mitgliedskarte メンバーズカード □ erneuern 更新する

Wie hoch war der Jahresbeitrag?

年会費はいくらだっけ?

□ r Jahresbeitrag 年会費

Die Clique ist auch schon da. ★1

みんな集まってた。 直訳 連中も皆そこにいる。

□ e Clique 仲間

B

Noch ein Platz frei?

空いたコートはあるかな。

C

Erstmal eine Runde Streching. ★2

まずストレッチしてから。 直訳 まずストレッチひと回り。

D

Platz [ist] nicht gut gewartet.

コートの整備が良くない。 直訳 コートが良く整備されていない。

E

Schlüssel vom Spind vergessen!

ロッカーの鍵忘れちゃった。

F

Bisschen wenig Duschen [hier].

シャワーの数が不足。　　直訳 [ここは]ちょっと少ないシャワー。

G

Vielleicht ins Bad?

風呂入って行こうかな。

H

[Eine] Massage wär´ nicht schlecht. ★3

マッサージ受けようかな。　　直訳 マッサージがあってもいいなぁ。

I

Herrlich, die Sauna nach dem Match!

ゲーム後のサウナは最高！　　直訳 素晴らしい、試合後のサウナ！

J

Nach dem Training ein Glas Mineralwasser.

トレーニングの後は、ミネラルウォーター一杯。

K

Zu Mittag im Klubhaus? ★4

お昼はクラブハウスで食べるか。

┌─ **MEMO** ─────────────────────────────

★1 ▶ e Clique → フランス語からの外来語。（口語で）趣味やスポーツなどを共にする
　　　仲間の集まり。

★2 ▶ s Streching ⇄ e Dehnübung とも言う。

★3 ▶ wär´ ⇄ wäre の口語バージョン。

★4 ▶ zu Mittag → 日本語で「昼は」が「昼食は」を意味するのと同じ。

└──────────────────────────────────────

スポーツ観戦

SPORT PASSIV

A

Wahnsinnig viele Fans im Zug. ★1

電車の中はファンだらけ。

□wahnsinnig ものすごい □viele 多くの □r Fan ファン □r Zug 電車

Lange Schlangen vor dem Stadion.

スタジアム前も長蛇の列。

□lang 長い □e Schlange 行列 □s Stadion スタジアム

Mal was zu trinken besorgen.

飲みもの買っておこう。

□mal ちょっと □was zu trinken 飲みもの □besorgen 買っておく

B

Guter Spielerwechsel.

いい交代だ。

C

Super Trainer!

監督スゴイ！

D

Dieser Schiri ist unmöglich! ★2

このレフェリーサイテー！ 直訳 この審判はありえない！

E

Das war ein klares Aus 〈Foul〉!

今のは絶対アウト〈ファウル〉！　[直訳] それは明確なアウト〈ファウル〉だった。

F

Da muss man sich ja aufregen!

断じて許せないよ！　[直訳] ここではとにかく頭にこざるを得ないよ！

G

[Ich bin] Spontan zum Fan geworden.

にわかファンになっちゃった。

H

Los! Jetzt aber!

行け！そこだ！

I

Toller Sportler 男 〈Tolle Sportlerin 女〉.

あの選手かっこいいなぁ。　[直訳] すごい選手！

J

Das Team ist einfach Klasse!

このチーム最高！　[直訳] このチームはとにかく最高！

K

Zuhaus gucken mit Bier und Chips.

ビールとポテチでテレビ見るか。　[直訳] 家でビールとポテチで見る。

SZENE 4

健
康
・
医
療
・
環
境

MEMO

★1 ▶ wahnsinnig viele → wahnsinnig のもとの意味は「狂っている」。ただし、「ものすごく」という程度を表すためによく使われる。例: wahnsinnig teuer 超高い。

★2 ▶ r Schiri（レフェリー）【スポーツファンの用語】は r Schiedsrichter のショートバージョン。

健康診断

GESUNDHEITS-CHECK-UP

A

Check-up nur nach Anmeldung.

検査は予約制か。 直訳 検査は申し込んだ後のみ。

□r Check-up 検査 □nur ただ □nach 後 □e Anmeldung 申し込み

Erstmal Urinprobe [abgeben].

初めは尿検査。 直訳 まず尿サンプルを[提出する]。

□erstmal まず □e Urinprobe 尿サンプル □ab|geben 提出する

Danach EKG. ★1

次は心電図。 直訳 その後心電図。

□danach その次 □s EKG 心電図

B

Augen werden immer schlechter.

目が悪くなったなぁ。 直訳 目がますます悪くなる。

C

Zur Blutabnahme nüchtern.

採血前は何も食べない。 直訳 採血には空腹状態で。

D

So viel Blut weg?

そんなに血を取るの？ 直訳 こんなにたくさん血が取られる？

E

Nur eine Woche Diät.

1週間だけダイエット。

F

Cholesterin[werte] zu hoch.

コレステロール値が高いなぁ。 [直訳] コレステロール値が高すぎる。

G

Vorm Check-up keinen Alkohol. ★2

健診前は酒控えよう。 [直訳] 健診前はノー・アルコール。

H

Kontrastmittel [schlucken], nein danke!

バリウム飲むの嫌だなぁ。 [直訳] 造影剤[を飲むの]は、真っ平ごめん！

I

Stuhlprobe [ist] mega stressig!

検便がストレス。 [直訳] 検便はメガストレスだ！

J

Körpergröße? - Brust raus, Kopf hoch!

身長測定か。さ、背筋を伸ばそう！ [直訳] 身長？胸を張って、頭を上げて！

K

Doch kein Übergewicht!

メタボじゃないぞ。 [直訳] やっぱり過体重じゃない！

MEMO

★1 ▶ s EKG ⇄ s Elektrokardiogramm（心電図）の省略。EKG という略語は言いやすいため、医療関係者以外にもよく使われる。

★2 ▶ Vorm Check-up ⇄ Vor dem Check-up の口語バージョン。

介護

PFLEGE

A

Ohne Pflege geht's nicht [mehr].

そろそろ介護がいるね。 　直訳 介護なしではもはやうまくいかない。

□ohne ～ ～なしで　□e Pflege 介護

Erstmal Kurzaufenthalt reservieren.

まずショートステイを予約してみよう。

□erstmal まず　□r Kurz[zeit]aufenthalt ショートステイ　□reservieren 予約する

Pflegeheim oder betreutes Wohnen? ★1

老人ホームか介護付き住宅か。 　直訳 介護ホームまたはサービス付き高齢者向け住宅か。

□s Pflegeheim 養護ホーム　□betreutes Wohnen 介護付き住宅

B

Rollstuhlverleih 〈Pflegebettverleih〉?

車椅子〈介護ベッド〉は借りられるかな。 　直訳 車椅子〈介護ベッド〉のレンタルは？

C

Hausbesuch möglich?

往診頼めるかな？ 　直訳 往診は可能か。

D

Geld für barrierefrei[en Umbau] beantragen.

バリアフリー化の助成金を申請しよう。

SZENE 4
健康・医療・環境

E

Gas auf Induktion [umstellen]. ★2

ガスをIH［コンロ］に切り替えるか。

F

Sturzgefahr [ist] der absolute Horror.

転倒が一番怖い。　[直訳] 転倒の危険は完全なホラーだ。

G

Stolperfallen beseitigen.

つまずくところを直そう。　[直訳] つまずきの罠を排除する。

H

Wie [Pflege]Bedürftigkeit beantragen?

要介護認定を受けるにはどうしたらいいの？　[直訳] どうやって要介護認定を申請する？

I

Probewohnen im Seniorenheim?

老人ホーム体験入居か。　[直訳] 老人ホームでの試し住み？

J

Mobile Reha, sehr angenehm.

訪問リハビリ、結構便利だな。　[直訳] 訪問リハビリ、とても快適。

K

Pflege und Beruf [koordinieren]? Schwierig.

働きながらの介護は大変。　[直訳] 介護と仕事［を両立する］？難しい。

MEMO

★1 ▶ betreutes Wohnen mit Service für Senioren （介護サービス付きシニア向け住宅）のショート・バージョン。「アシステッドリビング」とも言う。

★2 ▶ e Induktion ⇄ s Induktionskochfeld（電磁調理器）の省略語。

健康・体操

FITNESS - GYMNASTIK

A

Dauersitzen macht krank.

座ってばかりは健康に良くない。　直訳 ずっと座っているのは病気を引き起こす。

□s Dauersitzen 座りすぎ　□krank 病気の

Zwischendurch etwas Gymnastik.

合間にプチ体操。

□zwischendurch 途中　□etwas 少し　□e Gymnastik 体操

Immer schön bewegen. ★1

まめに体を動かさないと。

□immer 常に　□schön ちゃんと　□bewegen 動かす

B

Schwimmen gegen Rückenschmerzen.

腰痛対策に水泳。

C

Treppensteigen hält fit.

階段の上り下りで健康維持。　直訳 階段の上り下りは調子を保つ。

D

Maßvoll genießen.

ほどほどにしておこう。　直訳 適度に味わう。

E

Mindestens anderthalb Liter am Tag [trinken].

毎日最低 1.5 リットルの水分。　直訳 毎日少なくとも1.5リットルを[飲む]。

F

Fahrradfahren als Ausgleichssport.

体調維持にサイクリング。　直訳 リフレッシュ・スポーツとしてのサイクリング。

G

5000 Schritte pro Tag.

1日5000歩は歩こう。

H

Muskelaufbau mit Pilates.

ピラティスで筋力アップ。

I

Supplements? Eher nicht. *2

サプリ飲むか。いや、やめとこう。　直訳 サプリメントか。むしろ（いら）ない。

J

Hanteltraining zum Abnehmen.

痩せるダンベルトレーニング。　直訳 減量のためのダンベルトレーニング。

K

Morgens immer Radiogymnastik.

毎朝ラジオ体操だ。　直訳 朝はいつもラジオ体操。

MEMO

★1 ▶ Immer schön bewegen. → ここでの schön は「ちゃんと・適宜」というニュアンス。

★2 ▶ s Supplement ⇄ s Nahrungsergänzungsmittel（栄養補助食品）の短いバージョン。

天気

WETTER

A

Gleich [kommt die] Wettervorhersage.

もう天気予報の時間だ。 　直訳 もうすぐ天気予報[がやってくる]。

□gleich まもなく □kommen 現れる □e Wettervorhersage 天気予報

Hoffentlich spielt das Wetter mit. ★1

天気がもてばいいなぁ。 　直訳 天気が協力してほしい。

□hoffentlich 願わくば □mit|spielen 共演する □s Wetter 天候

Bestens! Heiter bis wolkig. ★2

よし！晴れたり曇ったり。 　直訳 最高！晴れから曇りまで。

□bestens 最良 □heiter 晴れ □bis 〜 〜に至るまで □wolkig 曇り

B

[Ganz schön] Viele Taifune dieses Jahr.

今年は[ホントに]台風が多い。

C

Besser mit Regenzeug 〈Gummistiefeln〉?

雨具〈長靴〉必要かなぁ？ 　直訳 雨具持って〈長靴履いて〉行った方が良いかなぁ？

D

Heute schönstes Herbstwetter.

今日は秋晴れだ。 　直訳 今日は最も素敵な秋の天候。

E

Heiß, dieser Sommer.

今年の夏は暑い。 [直訳] 暑い、この夏。

F

Wieder Pollenflug[zeit].

花粉シーズンがやって来た。 [直訳] またもや花粉の飛行 [シーズン]。

G

Ziemlich launisches Wetter.

かなり気まぐれな天気。

H

Gegen Abend Schnee.

夕方は雪か。

I

Glatteis?

路面の凍結?

J

Bald [ist] Kirschblütenzeit.

まもなく桜の季節。

K

Draußen [ist es] recht ungemütlich.

外はかなり嫌な天気。 [直訳] 外はかなり不快 [だ]。

MEMO

★1 ▶ Hoffentlich spielt das Wetter mit. → 屋外で何か計画を立てていて、天候が悪化しないことを願っているときのひとりごと。

★2 ▶ Heiter bis wolkig. →「晴れ」から「曇り」までの全ての可能性を含んでいる。

エコ・環境

ÖKO - UMWELT

A

Ökobeutel mitnehmen.

エコバック持っていこう。

□r Ökobeutel エコバック　□mit|nehmen 持っていく

Plastikverpackung [ist] total überflüssig ...

ビニールに入れなくてもいいのに…。　[直訳] プラ包装は全く不必要 [だ]。

□e Plastikverpackung プラスチックの包装　□total 完全に　□überflüssig なくてもよい

Möglichst ohne Zusatzstoffe.

できるだけ無添加がいい。　[直訳] できるだけ添加物なしで。

□möglichst できるだけ　□ohne〜 〜なしで　□r Zusatzstoff 添加物

B

Reparieren statt wegwerfen.

捨てずに修理。　[直訳] 捨てるより修理する。

C

Heute einfach nur mal Fenster auf.

今日は窓開けておけば十分。　[直訳] 今日はただの窓開けだけで。

D

Irgendwie das Gefühl, was Gutes getan zu haben.

なんかちょっといい事した気分。　[直訳] 何となく良いことをした感じ。

E

Sperrige Plastikflaschen flachdrücken. ★1

ペットボトルかさばるから潰そ。　[直訳] かさばるペットボトルをぺちゃんこにする。

F

[Der 〈Die〉 ist] Kein bisschen umweltbewusst.

あの人エコがわかってない。　[直訳] [彼〈彼女〉は] ちっとも環境意識がなさそう。

G

Da brennt immer Licht.

電気つけっぱなしだ。　[直訳] あそこはいつも灯りがついている。

H

Nicht gut für die Umwelt.

環境に良くない。

I

Plastiktüten sind out.

レジ袋はアウト。　[直訳] プラ袋はアウトだ。

J

Auf Mülltrennung achten.

ごみ分別はきちんと。　[直訳] ごみの分別に気を配る。

K

Fair Trade wäre besser.

フェアトレードにしよう。　[直訳] フェアトレードの方がいいでしょう。

L

Gemüseabfälle geben guten Dünger!

野菜くずも肥料になるね！　[直訳] 野菜くずはよい肥料を提供する！

MEMO

★1 ▶ e Plastikflasche は e PET-Flasche とも言う。

SZENE 5

教育・文化

学校

SCHULE

A

Hier macht lernen Spaß.

ここの勉強は楽しい。　[直訳] ここでは学ぶことが楽しい。

□macht Spaß 楽しい　□lernen 学習する

Anwesenheit Pflicht?

出席重視か。　[直訳] 出席は義務か。

□e Anwesenheit 出席　□e Pflicht 義務

Übermorgen Abgabetermin.

レポートの締め切りは明後日。

□übermorgen 明後日　□r Abgabetermin 提出期限

B

Nächste Woche Campusfest. ★1

来週は文化祭。

C

Bisschen viel Hausaufgaben.

宿題が少し多いなぁ。

D

Fällt aus? Toll!

休講？やった！　[直訳] キャンセルになった？最高！

教育・文化

E

Ganz knapp bestanden.

かろうじて合格だ。 　直訳 全くギリギリで合格。

F

Total langweilig[er Vortrag].

退屈 [な講義] だなぁ。 　直訳 完全に退屈 [な講義]。

G

Miese Benotung.

ひどい点数だ。 　直訳 お粗末な評価。

H

Ziemlich spartanische Lehrmethoden.

結構スパルタだ。 　直訳 かなりスパルタ式教授法。

I

Welche Kurse belegen?

どの科目取るかな。

J

Langsam Zeit für [die] Stellensuche.

そろそろ就活始めなきゃ。 　直訳 そろそろ仕事探しの時期。

K

Aufnahmeprüfungen gehören abgeschafft. ★2

入試なんかいらない。 　直訳 入試は廃止すべきだ。

MEMO

★1 ▶ s Campusfest（大学の文化祭）→ s Herbstfest（高校などの文化祭）

★2 ▶ 「〜は廃止すべきだ」の口語的表現。例：Zensuren gehören abgeschafft.
（評価は廃止すべきだ）。

図書館

BIBLIOTHEK

A

Bibliothekskarte dabei?

貸出カード持ってたっけ？　[直訳] 図書館カードを所持？

□ e Bibliothekskarte 図書館カード　□ dabei 手元に

Heute Rückgabe[termin].

今日が返却 [日]。

□ heute 今日　□ e Rückgabe 返却　□ r Rückgabetermin 返却日

Oh je, montags geschlossen!

月曜日は休館日だったか。　[直訳] あれま、月曜日は閉まっている！

□ Oh je! おや!　□ montags 月曜日に　□ geschlossen クローズド

B

Noch in Ausleihe?

貸し出し中か。

C

Vormerken lassen?

予約できるかな？　[直訳] 予約してもらうか。

D

Nur per Fernleihe. ★1

よそから取り寄せるしかないか。　[直訳] 遠隔貸出によるしかない。

E

Im Untergeschoss?

地下書庫か。 [直訳] 地下の階か。

F

Viele vergriffene Exemplare hier.

ここには絶版本がたくさんあるね。 [直訳] ここには多くの絶版本。

G

[Leihfrist]Verlängerung per Internet.

ネットで [貸出期間の] 更新。 [直訳] [貸出期間の]延長はネットで。

H

Erstmal Online-Suche.

まずオンラインで検索。

I

[Buch]Titel vergessen.

本の名前忘れた。 [直訳] [本の]タイトルを忘れた。

J

Ausleihe nur Lesesaal.

持ち出し禁止か。 [直訳] 閲覧室のみ貸出。

K

Kopiermöglichkeit?

コピーできるの？ [直訳] コピーの可能性は？

MEMO

★1 ▶ e Fernleihe (図書館の相互貸借)

美術館・博物館・動物園

MUSEEN - ZOO

A

Morgen Wiedereröffnung. ★1

明日からリニューアル・オープンか。 [直訳] 明日再オープン。

□morgen 明日 □e Wiedereröffnung 再開

Online-Ticket kaufen.

オンラインチケットにしよう。 [直訳] オンラインチケットを買う。

□s Online-Ticket オンラインチケット □kaufen 買う

Gibt es Ermäßigung? ★2

割引あるかなぁ？

□es gibt ある □e Ermäßigung 割引

B

[Das] Muss man gesehen haben!

[これ] 見逃しちゃダメ。 [直訳] 人はこれを見ておかなくてはいけない。

C

Mit Audioguide noch interessanter.

音声ガイドでもっと楽しめる。

D

Danach: Museumscafé 〈Museumsshop〉.

あとでミュージアムカフェ〈ミュージアムショップ〉に寄ろう。

E

Cool! Ganz neues Museumserlebnis.

すごい！ 全く新しいミュージアム体験だ。

F

Hier können Kinder experimentieren.

子どもたちはここで実験できるんだ。

G

Ist eine Leihgabe 〈Wanderausstellung〉.

これよそから借りてるのか〈巡回展やってるのか〉。

H

Wo geht´s hier zum Streichelzoo? ＊3

ふれあい動物園はどこだ？ 　直訳 ここのふれあい動物園はどちらですか。

I

Die [Tiere] haben Junge.

動物に赤ちゃんが生まれたらしい。

J

Total dunkel hier. [Sind die] Alle nachtaktiv?

ここは真っ暗だ。みんな夜行性？

K

Wann beginnt die Fütterung?

餌やりの時間は？

SZENE 5

教育・文化

MEMO

＊1 ▶ e Wiedereröffnung ⇄ Wiedereröffnung nach Umbau <Renovierung>
（改装＜リノベーション＞後の再オープン）のショート・バージョン。

＊2 ▶ Ermäßigung für Schüler, Auszubildende, Studierende（生徒・実習生・
大学生の割引 ＝ 学割）/ e Seniorenermäßigung（シニア割）

＊3 ▶ Wo geht´s hier zu ～（ここから～へどう行けばいいのか？）

コンサート・ライブ

KONZERT - LIVE - EVENT

A

Karten immer gleich ausverkauft.

チケットはいつもすぐ完売。

□ e Karte チケット □ immer gleich いつもすぐに □ ausverkauft sein 完売である

Auslandsorchester sind halt teuer. ★1

オーケストラの来日公演は高い。 [直訳] 外国のオーケストラはやっぱり高くつく。

□ s Auslandsorchester 外国のオーケストラ □ halt やっぱり □ teuer 高い

Guten Platz erwischt.

良い席をゲット。 [直訳] 良い席を掴んだ。

□ gut 良い □ r Platz 席 □ erwischen 掴み取る

B

Ziemlich gute 〈schlechte〉 Akustik hier.

音響が素晴らしい〈悪い〉なぁ。 [直訳] ここは結構良い〈悪い〉音響。

C

Super Dirigent 男 〈Dirigentin 女〉!

最高の指揮者だ!

D

Konzerterlebnis live [ist] einfach anders.

生で聴くのはやっぱり違う。 [直訳] ライブのコンサート体験はやはり違う。

教育・文化

E

Geschmackssache, diese Musik.

この曲は好きずきだな。

F

Ein Top-Musiker! 男 〈Eine Top-Musikerin! 女〉

一流の音楽家だ!

G

So muss das klingen!

こうでなくちゃ! 直訳 こんな風に演奏しなくちゃ!

H

Live-Konzerte werden immer teurer.

ライブはますます高くなる。

I

Zwischendurch 20 Minuten Pause.

途中休憩は20分か。

J

[Ein] Konzert mit Überraschungsfaktor.

サプライズの多いコンサートだ。 直訳 サプライズ付きのコンサート。

K

Das kommt per Live-Stream.

これはライブ配信になる。

MEMO

★1 ▶ ここでの halt は「軽い諦めの気持ち」を表現する。
例: Das ist halt so. (こんなもんだよ)。

コンクール・競技会

WETTBEWERB - WETTKAMPF

A

Zählt zu den Favoriten.

最有力候補の一人だ。 直訳 最有力者たちに数えられる。

□zählen zu ~ ～に数えられる □r Favorit 最有力者

Wahnsinnig begabt!

すごい才能！ 直訳 めちゃくちゃ才能のある！

□wahnsinnig ものすごく □begabt 才能のある

Absolute Weltspitze!

世界レベルだね。 直訳 絶対に世界のトップレベル！

□absolut 絶対的 □e Weltspitze 世界の頂点

B

Schade. Schon in der Vorrunde gescheitert.

残念、予選落ち。 直訳 残念、一次予選ですでに失敗した。

C

Wann war nochmal das Finale? *1

決勝戦はいつだったかな。

D

Preisträgerkonzert?

入賞者の公開演奏か。 直訳 受賞者のコンサート？

E

[Das wird] Die Entscheidung für Olympia.

これで五輪代表が決まる。　[直訳] [これが]オリンピック出場への決戦[となる]。

F

Hat echt die Goldmedaille verdient. ★2

この作品、金賞は当然だね。　[直訳] 本当に金メダルに値する。

G

Schade! Um Haaresbreite!

残念！僅差だった！　[直訳] 残念！髪一重！

H

[Die haben] Wie erwartet gewonnen.

予想通りの優勝だ。　[直訳] [かれらは]予想通り勝った。

I

War ein langer Kampf.

勝負がもつれたね。　[直訳] 長い戦いだった。

J

Extrem hohes Niveau!

非常に高いレベルだ！　[直訳] 超ハイレベル！

K

Erfolg und Niederlage liegen dicht beieinander.

成功と失敗は隣り合わせだ。

MEMO

★1 ▶ ここでの nochmal は、決勝戦の日にちは知っていたはずだが、いま思い出せないという気持ちを表している。

★2 ▶ echt → 口語ドイツ語で wirklich（実に）と同じ意味。

文学・読書

LITERATUR – LEKTÜRE

A

Schöne Literatur [ist] nicht so mein Fall! ★1

純文学はちょっと苦手だ！ 直訳 純文学はあまり私向きじゃない。

□schön 美しい □e Literatur 文学

Stehe eher auf Krimis. ★2

ミステリーが一番。 直訳 むしろ推理小説派だ。

□auf ～ stehen ～が好みだ □eher むしろ □r Krimi ミステリー

[Hab´] Immer ein Taschenbuch dabei.

いつも文庫本持ち歩いてるんだ。

□immer 常に □s Taschenbuch 文庫本 □dabei|haben 所持している

B

Gibt es auch als E-Book.

Eブックもあるんだ。

C

Wieder eine Neuerscheinung.

また新刊が出た！

D

Steht auf der Bestseller-Liste.

ベストセラーになってる。 直訳 ベストセラーリストに載ってる。

E

Dazu gab's eine Besprechung.[3]

書評に出ていた本だ。　[直訳] これに関しては書評があった。

F

Wer wird wohl nominiert?

この賞の候補は誰だ？　[直訳] 誰がノミネートされるんだろう？

G

Draußen mal ganz in Ruhe lesen.

どこかに行って本を読むか。　[直訳] 外でちょっと落ち着いて読書する。

H

Fachliteratur ist schwer zu bekommen.

専門書は手に入りにくい。

I

Die machen gute Bücher.

ここはいい本出すよ。　[直訳] 彼らは良い本を作る。

J

Gute 〈Furchtbare〉 Übersetzung!

良い〈ひどい〉訳だね！

MEMO

★1 ▶ Das ist nicht mein Fall.（私の好みじゃない）【慣用表現】。

★2 ▶ [Ich] Stehe auf Krimis. → 口語ドイツ語でauf 〜 stehenは「〜が大好きだ」。
r Krimi ⇄ r Kriminalroman（探偵・推理小説）の省略。

★3 ▶ e Besprechung ⇄ e Buchbesprechung（書評）の省略。

映画・動画

FILM - VIDEO

A

Der läuft bald im Kino.

まもなく封切りか。　直訳 もうすぐ映画館で上映される。

□laufen 上映される　□bald 近いうちに　□s Kino 映画[館]

Bester Actionfilm aller Zeiten!

史上最高のアクション映画！　直訳 全ての時代の最高のアクションフィルム。

□best 最高の　□r Actionfilm アクション映画　□alle 全ての　□e Zeit 時代

Wird garantiert ein Blockbuster. ★1

絶対に大ヒットするよ。

□werden になる　□garantiert 保証付の　□r Blockbuster（映画の）大ヒット

B

Gibt´s auch auf DVD.

DVDもある。

C

[Ich] Bin [ein] großer Anime-Fan. ★2

アニメ大好き。　直訳 [私は]アニメの大ファンだ。

D

Gefühlvolles 〈Anspruchsloses〉 Herzkino.

感動的な〈平凡な〉純愛物語。　直訳 情緒的な〈平凡な〉ロマンス・ムービー。

— 152 —

E
Klasse Schauspielerin⊕〈Schauspieler⊕〉!

この役者いいねぇ！ 　直訳 一流の女優〈男優〉。

F
Der hat einen Oscar [bekommen].

アカデミー賞取ったか。 　直訳 この映画がオスカーを貰った。

G
Schaut nach Remake aus.

リメイクかな。 　直訳 リメイクに見える。

H
Historischer Streifen [voller Nostalgie].

[懐かしい] 昔の映画。 　直訳 [懐かしさに満ちた] 昔の1本。

I
Typisch Hollywood.

典型的ハリウッド映画。

J
Ziemliche Schnulze.

かなりお涙頂戴ものだ。

K
3D-Kino: Interessant, aber recht ermüdend.

3Dシネマ：面白いけど、ホント疲れる。

MEMO

★1 ▶ r Blockbuster ⇄ r Kassenschlagerとも言う。Kassenschlager は相当な経済効果をもたらすもの。映画・演劇・小説・工業製品など。

★2 ▶ r Anime（日本製のアニメ）→ 日本製以外の「アニメ」はドイツ語で r Zeichentrickfilm / r Animationsfilm と言う。

メディア

MEDIEN

A

Was kommt heute Abend?

今晩何やってる？

□was 何　□kommen 放送される　□heute Abend 今晩

Interessante Doku. [Eine] Wiederholung.

面白そうなドキュメンタリー。再放送か。

□interessant 興味深い　□e Doku[mentation] ドキュメンタリー　□e Wiederholung リピート

Wird aufgenommen.

録画しとこう。　[直訳] 録画される。

□werden になる　□auf|nehmen 録画〈録音〉する

B

Wieder Erdbebenwarnung.

また地震速報か。

C

[Die] Werbung nervt.

コマーシャルがうるさい。　[直訳] 広告がイライラさせる。

D

Reichlich Fake News [im Umlauf].

結構フェイクニュースあるなぁ。　[直訳] たっぷりフェイクニュース [が出回っている]。

SZENE 5

教育・文化

E

Ziemlich rechtslastiger 〈linkslastiger〉 Kommentar.

かなり右寄り〈左寄り〉のコメントだ。

F

Nichts geht über eine richtige Zeitung!

紙の新聞が一番。 　直訳 本物の新聞に勝るものはない！

G

Nachtprogramm: Meine Sendung!

深夜放送大好き！ 　直訳 深夜放送：私（好み）の番組！

H

Sensationspresse ... Muss nicht sein.

扇情的ジャーナリズム…必要ないね。 　直訳 センセーショナルな報道…必要ない。

I

[Die] Medien sind voll davon.

メディアはそればかりだ。 　直訳 メディアはそれによって溢れている。

J

Kaum Nachrichten. Sauregurkenzeit. ★1

大したニュースはない。平和だなぁ。

K

Was gibt´s an Neuerscheinungen? ★2

最近の新刊は？ 　直訳 最近の新刊図書は何がある？

MEMO

★1 ▶ e Sauregurkenzeit → もともとは「キュウリの酢漬けシーズン」の意味。一説には、夏はキュウリを漬け込む季節で、多くの人が休暇を取っているため農作物の売れ行きが滞る時期でもある。このことからSauregurkenzeit は「売れ行きが悪い・不景気だ」という意味で使われるようになった。特にマスコミ関係では「大したニュースがない」ときに使われる用語。

★2 ▶ Was gibt´s an 〜 ? （〜についてはどんなものがあるの？）例：Was gibt´s an Neuigkeiten? （何か新しいことある？）。

カルチャー
センター

KULTURZENTRUM

A

Kurssuche bequem per Internet.

講座検索はネットが便利。

□e Kurssuche コースの検索 □bequem 快適な □per ～ ～で □s Internet インターネット

Online lernen auch okay.

オンライン学習もOK。

□online オンライン □lernen 勉強する □auch も

Da ist aber leider schon voll.

この講座はもういっぱいか。 [直訳] しかしここは残念ながらもう満杯だ。

□da あそこ □leider あいにく □schon すでに □voll = *full*

B

Erstmal anmelden.

まず会員登録。 [直訳] まずは登録する。

C

Ziemlicher Gebührendschungel. ★1

結構複雑な料金システムだなぁ。 [直訳] かなりの料金ジャングル。

D

Als Mitglied gibt´s Vergünstigungen.

会員は割引がある。 [直訳] 会員になると割引がある。

E

Die haben ja Hunderte von Angeboten.

すごくいろんな**講座**があるんだ。　[直訳] 彼らは何百種類（のコース）を用意している。

F

Wofür [sich] nun entscheiden?

さて、どれにしようか。　[直訳] いま何に決める？

G

An dem Wochentag kann ich nicht.

この曜日はちょっとだめ。　[直訳] その曜日にはできない。

H

Niveau etwas zu hoch [für mich].

レベルが少し高すぎる。　[直訳]［私には］水準が少し高すぎる。

I

Hier! Genau mein Kurs!

これだ！私にぴったりのコース！

J

Dozent 男〈Dozentin 女〉macht [einen] guten Eindruck.

講師は良い感じ。　[直訳] 講師は良い印象を与える。

K

Erstmal Schnupperkurs?

まずはお試し受講か。　[直訳] まずはお試しコース？

MEMO

★1 ▶ r Gebührendschungel（料金のジャングル）ここでの 〜dschungel（ジャングル）は、比喩的な意味。「見通せないもつれ・混乱の末のもつれ」、または「不可解に見える問題・事柄・事実など」を示す。
例：r Grammatikdschungel（訳のわからない複雑な文法）。

語学スクール

SPRACHSCHULE

A

Zunächst mal Einstufungstest.

まずレベル分けテスト。

□zunächst mal まずは □r Einstufungstest レベル診断テスト

Bisschen aufgeregt.

ちょっとドキドキ。

□[ein] bisschen 少し □aufgeregt 興奮した

Bin gespannt auf den Lehrer 〈die Lehrerin〉.

どんな先生かな。 　直訳 先生のことが気になる。

□gespannt auf ~ ~を楽しみにして □r Lehrer 男〈e Lehrerin 女〉先生

B

Möchte gern bei null anfangen.

ゼロから始めたい。

C

Schönes Lehrbuch.

なかなか良さそうな教科書。

D

Drei Monate Deutsch intensiv.

3ヵ月集中ドイツ語。

E

Bin absoluter Anfänger 男 〈absolute Anfängerin 女〉.

全くの初心者だ。

F

Französische Literatur im Original lesen.

原文で味わうフランス文学。　直訳 フランス文学を原文で読む。

教育・文化

G

Selbst Lateinisch gibt´s!

ラテン語も学べるんだ！　直訳 なんとラテン語もある！

H

Super Atmosphäre im Unterricht.

クラスの雰囲気は最高。　直訳 クラスの素晴らしい雰囲気。

I

War ja gar nicht so schwer!

そんなに難しくなかったね。

J

Wenn ich so [gut] sprechen könnte! ★1

こんなに上手く喋れたらなぁ。

K

Einzelunterricht macht Spaß.

個人レッスンは楽しい。

MEMO

★1 ▶ Ich wäre froh, wenn ich so gut sprechen könnte! (こんなに上手に話せたらうれしいなぁ！) の短縮バージョン。

サークル・同好会

KLUB - VEREIN

A

Nächstes Treffen [am] Wochenende.

次の集まりは週末だ。

□nächst = *next* □s Treffen 集い □s Wochenende 週末

Geht schon vormittags los. ★1

午前中にはスタート。　[直訳] もう午前中から始まる。

□[es] geht los 始まる □schon すでに □vormittags 午前中に

Abends gemütliches Beisammensein.

夕方は懇親会。　[直訳] 夕方は心地よいお集まり。

□abends 晩に □gemütlich 気持ちよい □s Beisammensein コンパ〈親睦会〉

B

Mail an alle [Mitglieder].

[会員の] 皆さんへメール。

C

Wer organisiert diesmal die Sache?

今回の責任者誰？　[直訳] 今回誰がその件を組織するか。

D

Alles ältere Semester. ★2

シニアばっかり。　[直訳] 全て大先輩。

SZENE 5

教育・文化

E

Kassenwart [geht] reihum.

会計は代りばんこ。 [直訳] 会計担当は順番 [で回る]。

F

Jeder kann was mitbringen.

みんなが何か持ち寄れば。 [直訳] 誰もが何かを持参できる。

G

Neue Gesichter dringend gesucht!

新メンバー急募! [直訳] ニューフェイス急募!

H

Ruhige, fast familiäre Atmosphäre.

和やかで、家族的な雰囲気。

I

Man kennt sich seit Jahren.

もう何年来の付き合いだ。 [直訳] 人は何年も前からお互いを知っています。

J

Der 〈Die〉 ist schon lange dabei.

この人は長い。 [直訳] 彼〈彼女〉はもう長い間入っている。

K

Zusammenkunft mit anderem Verein.

よそのクラブと交流会。 [直訳] 他のクラブとの集まり。

MEMO

★1 ▶ los|gehen (始まる)。例：Es geht los! (さ、始まるよ!)。

★2 ▶ [Das sind] Alles ältere Semester. (みな旧学期生ばかりだ ＝ みな昔の大先輩)。 →「お年寄り」に言及するときの、少しユーモラスなやさしい言葉。

イベント・儀式

EVENTS - ZEREMONIEN

A

Am Wochenende Silvester-Hausputz.

週末は年末の大掃除か。 [直訳] 週末は大晦日の大掃除。

□s Wochenende 週末 　□s〈r〉Silvester 大晦日 　□r Hausputz 家の掃除

Neujahrstag: Erster Schreinbesuch.

元旦は初詣。 [直訳] 元旦は初めてのお宮参り。

□r Neujahrstag 元旦 　□erst = first 　□r Schreinbesuch 宮参り

Neujahr diesmal gemütlich daheim.

今年は寝正月。 [直訳] 今度はお正月を家で気楽に。

□s Neujahr 新年 　□diesmal 今回 　□gemütlich まったり 　□daheim 家で

B

Volljährig und endlich wahlberechtigt.

成人になって選挙権ゲット。 [直訳] 成年でついに選挙権あり。

C

[Valentin-]Pflichtschokolade, muss das sein? ★1

[バレンタインの]義理チョコって、意味あるの？ [直訳] [バレンタインの]義務チョコ、必要なのか。

D

[Eine] Hochzeitseinladung?

披露宴への招待状か。 [直訳] 結婚式への招待状？

— 162 —

教育・文化

E

Puppenfest und Kindertag, schöne Tradition.

ひな祭りに子どもの日、なかなかいい伝統だなぁ。

F

Kirschblütenfront langsam in Sicht.

桜前線はもうすぐだ。 [直訳] 桜前線そろそろ視野に入る。

G

Zum Sternenfest mit den Kids ins Planetarium.

七夕は子どもとプラネタリウムに行ってみようか。

H

[Obon-]Sommer-Reisewelle: Der reinste Horror.

お盆の帰省ラッシュ大嫌い。 [直訳] 夏の旅行ラッシュ：純粋なホラー。

I

Dauerregen trotz Schönwetterpüppchen.

てるてる坊主も役に立たない長雨だ。 [直訳] てるてる坊主にもかかわらず長雨。

J

Bei Regen Feuerwerk vertagt.

雨天のとき、花火は延期か。 [直訳] 雨天の場合花火が延期される。

K

Beisetzung im Familienkreis.

家族葬か。 [直訳] 内輪で埋葬。

MEMO

★1 ▶ e Pflichtschokolade 〈e Pflicht-Schokolade〉→「日本の風習」を題材に
したドイツ語サイトに見られる日本語の直訳からの造語。ドイツ語圏では、バレン
タインデーにチョコレート・花などを恋人に贈るのはむしろ男性の方。

試験

PRÜFUNG

A

Stur auswendig lernen?

丸暗記する？ [直訳] しぶとく暗記する？

□stur しぶとく □auswendig lernen 暗記する

Oder besser gezielt vorgehen?

ポイントを絞った方がいいか。 [直訳] それとも狙いを絞ってやった方がいいか。

□oder または □besser = *better* □gezielt 狙いを定めて □vor|gehen 前進する

Immer mal Lernpausen einlegen.

時々は息抜きしなきゃ。 [直訳] ときおり勉強の休憩を取る。

□immer mal 時々 □e Lernpause 勉強の休み □ein|legen 間に挟む

B

Was hilft gegen Prüfungsangst?

試験だけど、どうしよう？ [直訳] 試験恐怖に対しては何が役立つ？

C

Bestanden! 〈Durchgefallen.〉

合格だ！〈落第だ。〉

D

Wann gibt´s die [Prüfungs]Ergebnisse?

合格発表はいつだ？ [直訳] [試験の]結果はいつ出る？

E

Klausur vergeigt. ★1

筆記試験、失敗した。

F

Bald theoretische Führerscheinprüfung.

もうすぐ運転免許の筆記試験。

G

Gibt´s eine Nachprüfung?

追試あるかな。

H

War eigentlich kinderleicht.

朝めし前だった。 [直訳] 実は子どもにもできそうに簡単だった。

I

Verdammt harte Prüfungsfragen. ★2

ひどく難しい試験。

J

Zulassung[sbescheinigung] dabei?

受験票持ったかな？ [直訳] 受験票を手元に？

MEMO

★1 ▶ vergeigen → 元は「ヴァイオリンで間違った音を弾く」という意味。転じて「何かに失敗する・何かを台無しにする・チョンボする」。

★2 ▶ verdammt → 本来は「呪われた」という意味。口語では意味を強める言葉。
例：Sie ist verdammt glücklich.（彼女はひどく喜んでいる）。

SZENE 6

余暇

気晴らし

ZEITVERTREIB

A

Einen Film schauen?

映画見るかなぁ。

□r Film 映画 □ [an]schauen 鑑賞する

Lieber ausgiebig schmökern? ★1

それとも面白い本？ 直訳 むしろゆっくりと好きな本を読むか。

□lieber むしろ □ausgiebig 幅広く □schmökern 好きな本を読む

Oder einfach nur Musik hören?

音楽を聞くのもいいかも。 直訳 それともひたすらに音楽を聞くことにする？

□oder または □einfach nur ひたすら □e Musik 音楽 □hören 聞く

B

Eine Runde zum Aufwärmen.

ウォーミングアップにひと走り。 直訳 ウォーミングアップにひと回り。

C

Mal schön essen gehen.

おいしいもの食べに行こう。 直訳 ちょっとおいしいもの食べに行く。

D

[Ein] Videospiel machen.

テレビゲームしよう。

E

Mal wieder ins Kino.

久しぶりに映画を見に行こう。　直訳 また再び映画館へ。

F

Mit Freunden chatten.

友達とチャット。　直訳 友達とチャットする。

G

Im Outlet-Center einkaufen.

アウトレットで買い物。

H

[Ein] Bisschen im Garten machen.

ちょっと庭いじり。

I

Ein paar Lotterielose kaufen.

宝くじを買って見るかなぁ。

J

[Einen] Kleinen Schaufensterbummel [machen].

ちょっとウィンドーショッピング。

K

Zuhaus[e] Karten spielen.

家でトランプしよう。

L

Karaoke singen.

カラオケに行こう。　直訳 カラオケで歌う。

MEMO

★1 ▶ schmökern（好きな本を読む）→「読書好き」は口語で r Bücherwurm（本の虫）/ e Leseratte（読書ネズミ）とも言う。

旅の計画

REISEPLANUNG

A

Diesmal aber ins Ausland.

今年こそ海外旅行。 直訳 今年こそ外国へ。

□diesmal 今回 □aber しかし □s Ausland 外国

Aber nur dahin, wo es sicher ist.

ただし、治安のいいところ。 直訳 ただし、安全な場所に限る。

□nur だけ □dahin そこへ □sicher 安全な

Und wo es gute Küche gibt.

食べ物もおいしいところね。 直訳 おいしいものがあるところ。

□gute Küche おいしい料理 □es gibt ある

B

Lieber nicht so weit weg.

近場でいいね。 直訳 むしろそんなに遠くない方がいい。

C

Da möchte man mal hin.

一度あそこに行ってみたい。 直訳 人は一度あそこに行ってみたい。

D

Gibt es auch preiswerte Reisen?

お得なツアーはないかな？ 直訳 手頃な旅行もあるか。

E

Unbedingt heiße Quelle.

温泉は必須だね。　[直訳] 必ず温泉。

F

[Haus]Tierfreundliche Unterkunft [vorhanden]?

ペット可の宿は [あるかな] ?　[直訳] ペットに親切な宿泊所は [存在している] ?

G

Anschluss kein Problem? ★1

接続は問題ないかな?

H

Nicht langweilig für [die] Kinder.

子どもたちも退屈しないとこ。　[直訳] 子どもたちにとっても退屈ではない。

I

Auch für Ältere geeignet?

お年寄りでも大丈夫かな?　[直訳] お年寄りにも適しているか。

J

Schön, aber leider zu teuer.

いいけど、予算オーバーだな。　[直訳] 素敵、でも残念ながら高すぎる。

K

Stornogebühren ab wann?

キャンセル料はいつから?

L

Allein schon planen macht Spaß.

計画だけでもワクワクする。　[直訳] 企画するだけでも楽しい。

MEMO

★1 ▶ r Anschluss (接続) → r Anschlusszug (接続列車)/
　　r Anschlussflug (接続便)

---

65 - fünfundsechzig 🔊 65

旅
REISE

A

Wie lange [dauert´s] noch?

後どれくらいで着く？　直訳 後どれくらい [かかる]？

□wie lange どのぐらい長く　□dauern かかる　□noch さらに

[Wir] Waren spät dran.

出発が遅かった。

□spät dran sein 出発〈始まり〉が遅れる

Aber gut in der Zeit.

でも間に合うね。　直訳 でも時間的には大丈夫だ。

□gut in der Zeit [sein] 時間的には余裕 [がある]

B

Raus aus der Sommerhitze!

避暑地に行こう！　直訳 夏の暑さから脱出！

C

Treffpunkt morgen wo und wann?

明日はどこに何時集合かな。

D

Viel schöner hier als erwartet!

思ったよりずっと素敵なとこだ。

E

Einmal gemütlich ausspannen.

久しぶりにのんびりできるなぁ。

F

Herrliche Landschaft!

素敵な風景だ。

G

Scheint hier ein Touristenziel zu sein.

ここは人気スポットらしい。

H

[Bin] Immer wieder gerne hier.

ここはいつ来ても本当にいいとこだ。　[直訳] くり返しここにいて楽しんでいる。

I

Diese Reise ist ein einziges Abenteuer.

大冒険の旅だなぁ。　[直訳] この旅は唯一無二の冒険だ。

J

Hier ist [es] noch nicht so überlaufen. ★1

ここはまだ空いているね。　[直訳] ここは今のところまだそんなに混雑していない。

K

[Wir] Sind gleich da.

もうすぐ着くよ。　[直訳] [私たちは]もうすぐ着くよ。

MEMO

★1 ▶ Hier ist es noch nicht so überlaufen. → ここでの überlaufen sein は
「観光客で過剰に賑わっている」という意味。

宿泊・ホテル

ÜBERNACHTUNG - HOTEL

A

Mal Hotelportal checken. ★1

ホテルの予約サイトを見よう。

□mal ちょっと □s Hotelportal ホテルの予約サイト □checken チェックする

Erstaunlich gute Bewertungen.

びっくり！最高のレビューが多い。　[直訳] 驚くほど良いレビューの数。

□erstaunlich びっくりするほど □gut 良い □e Bewertung 評価

Zu viele Sterne. Vermutlich Fake.

星が多すぎる。フェイクかな。

□zu viel[e] 多すぎる □r Stern 星 □vermutlich おそらく □r〈s〉Fake フェイク

B

Nebensaison scheint günstiger [zu sein].

オフシーズンはもっと安いか。　[直訳] オフシーズンはもっとお手頃らしい。

C

Private Zimmervermietung - auch nicht schlecht.

民泊も悪くないね。

D

Praktisch: Mit [eigenem] Zubringerbus.

送迎バス付きか、楽だね。　[直訳] [専用]送迎バス付きか、便利だ。

E

Gratis-Storno bis 18 Uhr. ★2

18時までキャンセル料無料。

F

Businesshotel - preiswerte Alternative.

ビジネスホテル － コスパのいい選択肢だね。

G

Frühstück in der Bäckerei am Hotel.

ホテル近くのパン屋で朝食。

H

Diesmal ins Familienhotel mit Pool und Sauna.

今回はプールとサウナ付きのファミリーホテルにしようか。

I

Super! [Bin] Upgegradet [worden]. ★3

ラッキー！グレードアップしてくれた。　直訳　最高！グレードアップされた。

J

Schnell buchen, bevor alles weg ist.

いっぱいにならないうちに予約しよう。

K

Frühstück [war] gut, Abendessen so lala.

朝食は良かったけど、夕食はまあまあかな。

MEMO

★1 ▶ s Hotelportal → s Preisvergleichsportal（価格比較サイト）の一種。

★2 ▶ s〈r〉Gratis-Storno ⇄ kostenlose Stornierung（無料の取り消し）とも言う。

★3 ▶ upgraden（グレードアップする・バージョンアップする）【新語】。

ハイキング

WANDERN

A

Lange nicht gewandert.

長いことハイキングに行ってないなぁ。 　直訳 長い間ハイキングしなかった。

□lange 長い間 □wandern ハイキングする

[Eine] Tagestour reicht für den Anfang.

とりあえず日帰りで十分だ。 　直訳 1日のツアーが手始めには十分だ。

□e Tagestour 日帰り [のツアー] □reichen 十分である □r Anfang 始まり

Wanderschuhe müssen her. ★1

ハイキングシューズを買わなくちゃ。

□d Wanderschuhe ハイキングシューズ □her|müssen [絶対] 必要だ

B

Wegmarkierung ... Fast übersehen.

道標か。見落としそう。

C

Was hilft gegen Blasen an den Füßen?

足のまめなんとかならないかな? 　直訳 足の水疱に何が役立つか?

D

War schon in der Uni bei den Wandervögeln.

学生のときからワンゲルだった。 　直訳 もう大学時代にワンダーフォーゲルの仲間だった。

SZENE 6

余暇

E

Nachtwandern, mal was anderes.

ナイトハイク、たまにはいいな。　[直訳] ナイトハイク、たまには違うのも。

F

Schöner Pilz, aber leider giftig.

キレイなキノコ。ただ有毒なんだよね。

G

Scheint [hier] ein Wildwechsel zu sein.

これ、けもの道かな。　[直訳] ここはけもの道らしい。

H

Echt praktisch, Navi und Kompass-App. ★2

ナビとコンパス・アプリ、超便利。

I

Herrlich, dieses Vogelgezwitscher im Wald!

森の中で鳥のさえずり、いいなぁ！　[直訳] 素晴らしい、この森の中の鳥のピーチクパーチク！

J

Ziemlich viele Pilger unterwegs hier. ★3

ここはお遍路さんが多いね。

MEMO

★1 ▶ 〜 muss her. → her|müssen（〜が[絶対]必要だ）【口語】。
例：Ein Arzt muss her.（医者が必要だ）/ Neue Ideen müssen her.（新しいアイデアが必要だ）。

★2 ▶ echt → 口語ドイツ語で wirklich（実に）と同じ意味。

★3 ▶ r Pilger（巡礼者・お遍路さん）/ unterwegs sein（移動中である）
例：Wir sind oft im Ausland unterwegs.（私たちはよく外国に出かける）。

山登り

BERGTOUREN

A

Bald wieder Bergsaison eröffnet.

間もなく山開きだ。　[直訳] もうすぐ山のシーズンが始まります。

□bald wieder もうすぐ　□e Bergsaison 山のシーズン　□eröffnet 開かれた

Aber immer noch Lawinengefahr.

それでも雪崩の危険がある。

□aber しかし　□immer noch 相変わらず　□e Lawinengefahr 雪崩の危険

[Diese Tour ist] Nichts für Anfänger.

[このコース] 初心者向けじゃないよ。　[直訳] [このツアーは] 初心者向けじゃない。

□e Tour ツアー　□r Anfänger 初心者

B

Ab 3000 Meter wird's anstrengend.

3000mを超えるとしんどくなる。

C

Besser nicht ohne Bergführer.

山岳ガイドなしで行かない方がいい。

D

Gefühlt[e] 20 Grad minus.

体感マイナス20度だ。

余暇

E

Wetterumschlag jederzeit möglich.

天気は変わりやすいから。　[直訳] 天候の変化はいつでもありうる。

F

Mit Gewittern [im Gebirge] ist nicht zu spaßen. ★1

[山で] 雷は要注意。

G

Herrlich, diese Alpenflora!

高山植物、ほんとにきれい。

H

Bloß nicht im Nebel verirren.

霧の中で迷子になっちゃダメ。　[直訳] 霧の中で絶対迷子にならないように。

I

Achtung! Gefährliche Stelle [hier]!

気をつけよう！[ここは] 危ない！　[直訳] 注意！[ここは] 危険なところ。

J

Sonnenaufgang, immer wieder ein Erlebnis!

日の出はいつ見ても感動的！　[直訳] 日の出、何度でも素晴らしい体験！

K

Unbeschreiblich, oben auf dem Gipfel!

山頂の眺め、スゴイ！　[直訳] 描写できない、山頂では。

MEMO

★1 ▶ Mit ~ ist nicht zu spaßen（~を軽視してはいけない）【慣用句】。
例：Mit der globalen Erwärmung ist nicht zu spaßen.（地球温暖化は
些細なことではない）。

キャンピング

CAMPEN

A

Idealer Zeltplatz.

理想的キャンプ場。

□ideal 理想的[な] □r Zeltplatz キャンプ場

Camper unter sich, wie eine große Familie.

キャンパー同士、家族のようだ。

□r Camper キャンパー □groß 大きい □e Familie = *family*

Alle immer hilfsbereit.

いつも助け合ってる。 [直訳] 皆んなはいつも助け合いの精神。

□alle 全員 □immer 常に □hilfsbereit 面倒見のいい

B

[Outdoor]Equipmentliste durchchecken.

[アウトドア] 用具のリストをチェック。

C

Wetterfeste Kleidung mitnehmen.

防寒・防水服を持っていく。 [直訳] 耐候性の衣類を持っていく。

D

[Essen] Vorkochen und eintuppern. ★1

[料理を] 作ってタッパーに詰める。

E

Übernachten im Auto geht [hier].

車の中に泊まるのも [ここでは] OK。

F

Toiletten und Duschräume [sind] vorhanden.

トイレ、シャワールーム完備。

G

Feuer nur an Feuerstellen.

焚火は専用の場所で。

H

Ein Fall für die Moskitospirale.

蚊取線香の出番。　　直訳 蚊取線香が必要なケース。

I

Schön warmer Schlafsack.

シュラフが暖かくていいなぁ。

J

Eine Woche ohne Internet. Super!

ネットのない1週間。最高！

K

Glamping, auch nicht zu verachten. ★2

グランピングも侮れないなぁ。

MEMO

★1 ▶ ein|tuppern（タッパーに詰める）【新語】。

★2 ▶ s Glamping（グランピング）【*glamorous* + *camping*の新語】。→ グランピング
は通常のキャンプと同じように自然の中で夜を過ごすが、グランパーは普通のテン
トの代わりに食事、風呂付きの豪華テントなど快適な宿泊施設に泊まる。

自動車・ドライブ

PKW - AUTOFAHREN

A

Am besten mit Leihwagen. ★1

レンタカーにするのがベスト。 [直訳] 一番良いのはレンタカーで。

□am besten 一番 □r Leihwagen レンタカー

Mittags vielleicht weniger Verkehr.

お昼は道混んでないかも。 [直訳] お昼はもしかしてより少ない交通量。

□mittags 昼時 □vielleicht もしかして □weniger より少ない □r Verkehr 交通[量]

Ach, ein Stau! Wieder mal [ein] Unfall?

あっ、渋滞だ！また事故か。

□r Stau 渋滞 □wieder mal またもや □r [Verkehrs]Unfall [交通]事故

B

[Das] Navi nervt.

ナビがうるさいなぁ。

C

Ein Fall für die Versicherung?

保険を使うか。 [直訳] 保険適用のケースか。

D

Achtung, Fahrradfahrer!

自転車、気をつけよう！

E

Wie lange noch TÜV? ★2

車検はいつまで?

F

Nächste Tankstelle ⟨Ladestation⟩?

次のスタンド〈充電スポット〉は?

G

Mal wieder Wagen waschen.

そろそろ車洗おうか。

H

[Ist eine] Mautstraße.

有料道路だ。

I

Irgendwas ist mit dem Wagen.

車の調子がちょっとおかしいなぁ。

J

Millionen Sonntagsfahrer unterwegs.

日曜ドライバーだらけ。　直訳 何百万の日曜ドライバーが走り回っている。

K

Schon wieder Baustelle und Umleitung!

また工事中と迂回路か。

MEMO

★1 ▶ 短時間の移動には s Carsharing（カーシェアリング）の人気が高まっている。
例：Für Kurzstrecken Carsharing.（近距離にはカーシェア）。

★2 ▶ r TÜV → 口語ドイツ語では日本語の「車検」と同じ意味。Technischer Überwachungsverein（技術監査協会）の略。

自転車・バイク

FAHRRAD - MOTORRAD

A

[Es] Geht auch ohne Auto.

車なしでも大丈夫。 [直訳] 車なしでもうまくいく。

□es geht なんとかなる □auch も □ohne なしで □s Auto 自動車

Wofür hat man ein Fahrrad! ★1

自転車があるじゃないか！

□wofür 何のため □s Fahrrad 自転車

Nie wieder Parkplatzsuche!

さらば、駐車場探し！ [直訳] 駐車スペースを探すのは二度と必要ない！

□nie wieder 二度と □e Parkplatzsuche 駐車場探し

B

Kurz Reifendruck prüfen.

タイヤの空気圧点検。 [直訳] ちょっとタイヤの空気圧を点検する。

C

Ziemliche Steigung.

かなりの急坂だ。

D

Bremsen nachstellen.

ブレーキ調整が必要。

E

[Mountain]Biken macht süchtig. ★2

[マウンテン] バイクハマりそう。　[直訳] [マウンテン] バイクは癖になる。

F

Beliebte Rennstrecke hier.

人気のあるレーシングコースか。

G

Mit [dem] Motorrad geht´s schneller.

バイクを使えばもっと速い。

H

Immer schön mit Helm! ★3

ヘルメットは必ず着用！　[直訳] 常にちゃんとヘルメットで！

I

Bei Regen ziemlich ungemütlich.

雨の日はけっこう辛い。　[直訳] 雨の日はかなりの不快感。

J

Kaum vernünftige Radwege hier.

この辺りはまともな自転車レーンが少ない。

MEMO

★1 ▶ Wofür hat man 〜！（〜があったんだ！）→ 元来の意味は「何のために〜を
持っているのか？」【修辞疑問】。例：Wofür hat man dieses wundervolle
Buch!（こんないい本があるじゃない！）。

★2 ▶ s Biken（自転車〈バイク〉に乗ること）【新語・口語】。

★3 ▶ Immer schön mit 〜！→ ここでの schön は「ちゃんと・きちんと」というニュ
アンス。

いろいろな趣味

HOBBYS & INTERESSEN

A

Angeln, meine Leidenschaft.

釣りは私の生きがい。

□s Angeln 釣り □e Leidenschaft 熱中[する対象]

Kochen, das beste Hobby überhaupt!

クッキング、趣味の王者！ 直訳 クッキング、そもそも最高の趣味！

□s Kochen クッキング □best 一番いい □s Hobby 趣味 □überhaupt そもそも

Stressabbau mit Solo-Karaoke.

一人カラオケでストレス解消。

□r Stressabbau ストレス解消 □s Solo-Karaoke 一人カラオケ

B

Super! Und gratis! Coole Spiele-App.

いいなぁ！無料で最高のゲームアプリ。 直訳 素晴らしい！そして無料！クールなゲームアプリ。

C

Mal wieder Kalligraphie machen.

また書道を始めるかな。 直訳 再び書道をやる。

D

Wieder schachmatt! Der PC gewinnt immer!

王手か。またもパソコンの勝ちだ！ 直訳 再びチェックメイト！PCは常に勝つ！

E

Flohmarkt-App, erfreulich lukrativ.

フリマアプリでけっこう稼げるなぁ。　[直訳] フリマアプリ、うれしい儲け。

F

Töpfern: Meditation pur.

陶芸は瞑想そのもの。　[直訳] 陶芸：純粋な瞑想。

G

Fotografiere am liebsten draußen.

自然の中で撮るのが一番好き。　[直訳] 戸外で写真を撮るのが一番好き。

H

Golf, ideal gegen Bewegungsmangel.

ゴルフで運動不足解消。　[直訳] ゴルフ、運動不足対策に最適。

I

Allein reisen, frei und ungebunden.

一人旅は気の向くまま。　[直訳] 一人旅、自由で束縛されない。

J

Ich liebe mein Instrument!

この楽器大好き！　[直訳] 私は自分の楽器が大好きだ！

K

E-Book-Reader, total praktisch.

Eブックリーダー、超便利だ。

L

Handwerkliches liegt mir. ★1

ものづくりには自信がある。　[直訳] 職人的な仕事が性に合っている。

MEMO

★1 ▶ ～ liegt mir.（～が私に向いている）という意味。

レッスン・習い事

STUNDEN - UNTERRICHT

A

Mit Klavier anfangen?

ピアノ始めるかな。

□s Klavier ピアノ □mit 〜 an|fangen 〜を始める

Alter spielt [eigentlich] keine Rolle. ★¹

歳は [あまり] 関係ない。　[直訳] 年齢は [本来] 重要ではない。

□s Alter 年齢 □spielen = play □e Rolle 役

Unterricht kostet auch nicht die Welt. ★²

レッスン代は払える範囲。

□r Unterricht レッスン □kosten かかる (費用が) □e Welt = world

B

Die Lehrerin 女 〈Der Lehrer 男〉 ist ein Glücksfall.

この先生は当たりだ。　[直訳] この先生は幸運なケースだ。

C

Honorar nicht vergessen.

月謝を忘れないこと。

D

Fernkurs? Gute Idee.

通信講座か？ グッドアイディア。

E

[Das] Wollte ich immer schon lernen.

[これ、] ずっと学びたかったんだ。

F

Ständig üben ... Bisschen anstrengend!

いつも練習ばかり、ちょっとしんどいなぁ！

G

Täglich regelmäßig, dann wird's.

毎日頑張れば、できるようになるさ。 [直訳] 毎日定期的に、そうすると形になる。

H

Schon viel besser geworden.

ずいぶん上達した。 [直訳] もうずっとよくなってしまった。

I

[Das Kind hat ein] Ziemliches Lernpensum.

[あの子は] 習いごとの数が多いなぁ。 [直訳] [あの子には] かなりの学習負担がある。

J

Tanzkurs? Nichts für mich!

社交ダンスか。いや、向いてないね。 [直訳] 社交ダンスのレッスン？私向きじゃない！

> **MEMO**
>
> ★1 ▶ ~ spielt keine Rolle. (~は関係ない) → 「何の役も演じていない」という元
> の意味が転じて「無視して良い・どうでもいい」などのニュアンス。 → ~ ist
> nicht so wichtig. (~はあまり重要ではない) は、やや強調した表現。
>
> ★2 ▶ ~ kostet nicht die Welt. (~は払える範囲さ) → ここでは die Welt (世
> 界) が so viel (ものすごくたくさん) という意味。

暇を持て余す

LEERLAUF

A

Zu viel Leerlauf tut nicht gut.

時間を持て余すのは辛い。 　直訳 空回りのありすぎは気分が良くない。

□zu viel 〜 〜過ぎの □r Leerlauf アイドリング／空回り □gut|tun 気持ちいい

Völlig aus dem Rhythmus.

リズムが狂っちゃう。 　直訳 完全にリズム外れ。

□völlig すっかり □r Rhythmus リズム

Was könnte man noch machen?

なんか面白いことないかな？ 　直訳 他に人は何ができるだろう？

□was 何 □noch さらに □machen する

B

Freizeit effektiv nutzen!

空き時間を有効に！ 　直訳 空き時間を有効に使う！

C

Dating-App, kannst du vergessen! ★1

マッチングアプリ、もううんざりだ。

D

Faulenzen soll angeblich gesund sein.

怠けるのは体にいいと言うけど。 　直訳 怠惰であることは健康に良いと言われている。

— 190 —

E

Mal wieder alte Fotos durchsehen.

昔の写真でも見るかなぁ。　直訳 一度また古い写真に目を通して見よう。

F

Schlechtes Freizeit-Timing.

間の悪い休暇。　直訳 休暇の悪いタイミング。

G

Hier ist echt nichts los!

全く何の娯楽もないなぁ。　直訳 ここでは本当に何も起こっていない。

H

[Nichts als] Pure Zeitverschwendung.

時間の無駄そのもの。　直訳 純粋に時間の無駄[以外の何物でもない]。

I

Bei Regen fällt Baseball ins Wasser. ★2

雨で野球は無理だし。　直訳 雨のとき、野球は水の中に落ちる。

J

Einfach nur langweilig.

退屈だな…。　直訳 ひたすら退屈。

MEMO

★1 ▶ [Das] Kannst du vergessen! ([それを] 忘れても構わない)と言う元の意味が転じて「もううんざりだ・意味がない・どうでもいい」といったニュアンス【口語】。／ドイツ語のひとりごとでは自分を du で呼びかけることがよくある。

★2 ▶ ～ fällt ins Wasser. (～が無理だ・ダメだ・中止になる)【口語】。→ここでは r Regen と s Wasser がたまたま原意の「水中に没する」と言葉遊びになっている。

毎日声に出してみる　ドイツ語ひとりごと

SZENE 7

気持ち・感情
の表現

うれしいとき

ERFREULICHES

A Kaum zu fassen!

信じられない！　 直訳 なかなか捉えがたい！

□kaum なかなか　□fassen 捉える

Absolut erfreulich!

ホントに良かった！　 直訳 絶対に楽しい！

□absolut 無条件に　□erfreulich 喜ばしい

Glück muss der Mensch haben! ★1

ツイてるな！　 直訳 やっぱり人には運が必要なんだ！

□s Glück 幸運　□r Mensch 人

B Hat mir gefallen!

良かった。　 直訳 私の気に入った！

C [Ein] Grund zur Freude.

これはうれしい。　 直訳 喜ばしい理由。

D Gut gelaufen.

うまくいったぞ。　 直訳 よく進んだ。

SZENE 7

気持ち・感情の表現

E

100 Punkte.

百点満点。

F

[Das] Hört man gerne.

これを聞きたかった。　直訳　人はそれを好んで聞く。

G

Einfach nur glücklich.

ひたすらうれしい。　直訳　ただただ幸せ。

H

Total begeistert.

興奮しちゃう。　直訳　全く感激。

I

Alle sind happy.

みんな幸せ。

J

Viel Spaß gehabt.

とても楽しかった。

K

Wahnsinn!

めっちゃすごい〈めっちゃ酷い〉！　直訳　クレイジー！

L

Hurra!

やった！

MEMO

★1 ▶ Glück muss der Mensch haben! →「棚からぼた餅」のようなときの慣用表現。

悲しいとき

TRAURIGES

A

Einfach nur traurig.

とにかく悲しいよ。　直訳 ただただ悲しい。

□einfach nur ひたすら　□traurig 悲しい

Hätte man das nur geahnt!

前もって分かっていれば。

□ahnen 予感する

[Echt] Zum Heulen. ★1

[ホント] 泣きそう。

□echt マジ　□heulen 号泣する

B

[Da war] Nichts zu machen.

どうしようもなかった。　直訳 そこでは何もできなかった。

C

Wie deprimierend!

ユウウツ！　直訳 なんて憂鬱なんだ！

D

Diese Einsamkeit!

寂しいな〜！　直訳 この孤独さ！

E

Liebeskummer tötet.

振られるのは辛い。　直訳 失恋は殺す。

F

Völlig hoffnungslos.

絶望のどん底。　直訳 完全に絶望的だ。

G

Ein Trauerspiel das Ganze.

悲劇だね。　直訳 全てが悲劇。

H

[Man fühlt sich] Sterbenselend.

死にそう。　直訳 [人は]死ぬほどみじめな感じがする。

I

Alles unlustig.

何もかも面白くない。

J

Klassischer Weltschmerz.

むなしい…。　直訳 古典的世界苦。

K

Trauer macht krank.

悲しすぎて病気になりそう。　直訳 悲しみが病気を引き起こす。

MEMO

★1 ▶ [Echt] Zum Heulen. ⇄ [Echt] Zum Weinen. (泣いちゃいそう)。前者の
s Heulen（号泣）は後者の s Weinen（泣くこと）より少しドラマチックな感じ。

悔しいとき

FRUSTRIERENDES

A

Schon wieder hin! ★1

また壊れた！

□schon wieder 〜またもや　□hin ダメになった

So ein Murks! ★2

だめだこりゃ！　直訳 こんなひどいもの！

□r Murks ひどい結果

Also, nie wieder! ★3

もう嫌だ！　直訳 これじゃあ、もう二度といらない！

□alsoそれでは　□nie wieder = never again

B

Der absolute Frust!

めっちゃ悔しい！　直訳 絶対的なフラストレーション！

C

Einfach unglaublich!

信じらんない！　直訳 とにかく信じられない！

D

Mist!

まずい！　直訳 肥やし!

— 198 —

E

Das gibt´s doch [gar] nicht!

ありえない！

F

Hätte man das nur gemacht ...

あの時、ああしておけば…。　[直訳] 人がもしあれをしてさえおけば…。

G

[Das ist] Einfach ungerecht!

理不尽だなぁ。　[直訳] ただただ不当だ！

H

Was soll das [nun wieder]!?

なんてこった！？　[直訳] [また]それは何のつもりだ！？

I

Warum gerade jetzt!?

なんで、よりによって今!?

J

[Das ist] Nicht zu ertragen!

耐えられないなぁ！　[直訳] [それは]耐えられない！

MEMO

★1 ▶ Das ist hin! (ダメになった)【口語】⇄ Das ist kaputt! (壊れた)と同じ。

★2 ▶ r Murks (悪い、乱暴な作業〈作品〉)【口語】。
例：Diese Übersetzung ist [ein] ziemlicher Murks! (この翻訳、かなり
ひどいなぁ!)。

★3 ▶ ここでは Das kaufe〈nehme・mache〉ich nie wieder! (これ、もう二度
と買わない〈使わない・やらない〉よ!) の略。

腹立たしいとき

ÄRGERLICHES

A

[Bin] Total genervt.

ほんとイライラする。 直訳 完全にイライラさせられた。

□total 丸ごと □nerven イライラさせる

Langsam am Limit.

もう限界だ。 直訳 そろそろ限界に近い。

□langsam そろそろ □s Limit 限界

Bloß nicht aufregen!

とにかく落ち着こう。 直訳 なるべく興奮しないように!

□bloß nicht ～ 絶対～しないように □[sich] auf|regen 興奮する

B

Wirklich ärgerlich.

ホント腹立つなぁ。 直訳 本当に腹立たしい。

C

[Das] Darf doch nicht wahr sein!

ふざけんな! 直訳 [それが]ホントであっていいわけない!

D

Das ist die Höhe!

頭くるなぁ。 直訳 (絶対許せないことの) 極みだ!

E

Wer soll dabei ruhig bleiben!?

怒らずにはいられない。　[直訳] 誰が冷静でいられるんだ!?

F

Unverschämt!

ずうずうしい！　[直訳] 恥知らず！

G

Mit mir nicht!

お断りだ！　[直訳] 私に関してはノーです！

H

[Die] Reinste Abzocke! ★1

ぼったくりだ！　[直訳] 純然たるぼったくり！

I

Ich zeig's dir <euch>!

思いしらせてやる！　[直訳] お前〈お前ら〉に見せてやるぞ！

J

Also, wirklich!

[ホントに] もう！

K

Man könnte sich schwarz ärgern! ★2

死ぬほど腹が立つ！

MEMO

★1 ▶ e Abzocke[rei]（ぼったくり）【口語】は r Nepp とも言う。

★2 ▶ sich schwarz ärgern（自分が「黒くなるほど」、つまり「死ぬほど」怒る）⇄ sich grün und blau ärgern（自分が「青と紫」になるほど怒る）とも言う。後者の方がややドラマチックなニュアンス。例： Wenn ich mein Passwort vergesse, ärgere ich mich fast immer schwarz.（パスワードを忘れたとき、頭がカッカとなることが多い）。

困ったとき

AUFGESCHMISSEN

A

[Da wär´] Ein Problem ...

困ったなぁ。　[直訳] 困ったことだけど…。

□s Problem 困難〈悩み〉

Wie soll´s [nur] weitergehen?

次どうすればいいの？　[直訳] どうやって進めるべきか？

□wie = how □weiter|gehen 進展する

Kein klarer Gedanke mehr.

頭が真っ白。　[直訳] もう明確な考えはない。

□klar = clear □r Gedanke 思考 □kein ～ mehr もはや～がない

B

Völlig aufgeschmissen.

お手上げです！　[直訳] 完全に困った状態。

C

Womit anfangen?

何から始めたらいいの？

D

Keine Energie mehr.

もう、やる気しない。　[直訳] もはやエネルギーがない。

E

Weiß weder ein noch aus. ★1

途方にくれたよ。　直訳 中へも外へもわからない。

F

Total ratlos!

どうしようもない！

G

Wann hört das endlich auf!?

いつになったら終わるんだ！？

H

Keine Hilfe in Sicht.

何の助けもない。　直訳 助けは視野に入っていない。

I

Ganze Planung im Eimer! ★2

企画、全部ダメになっちまった！　直訳 企画全体がバケツに入った！

J

[Das] Wochenende ist ruiniert!

週末が台無しだ！　直訳 週末は破壊された！

K

Absolute Leere.

虚しいなぁ。　直訳 絶対的空白。

MEMO

★1 ▶ [Ich] Weiß weder ein noch aus.（途方にくれている）【慣用句】。
　　⇄ [Ich] Bin völlig ratlos.（すっかり困っている）とも言う。

★2 ▶ [Das ist] Im Eimer!（おじゃんになった・壊れた・ダメになった）【口語】。
　　→ ここでの r Eimer（バケツ）は r Abfalleimer（ごみ箱）の略。

落ち込んだとき

DEPRIMIERT

A

Total niedergeschlagen.

落ち込むなぁ。 [直訳] すっかり落ち込んでいる。

□total まるごと □niedergeschlagen 落ち込んで

[Ist mir] Alles zu viel!

もう無理だ。 [直訳] [私には]全てが多すぎる。

□alles 全て □zu viel 多すぎる

Lasst mich [in Ruhe]!

ほっといて！ [直訳] 邪魔しないで！

□in Ruhe lassen 迷惑をかけない

B

Werd´ gleich ohnmächtig!

気がヘンになりそう！ [直訳] もうじき気が遠くなる。

C

Keine Aussicht auf Besserung.

よくなる見込みなし。

D

Ich krieg´ die Krise!

ほんと、参ったよ！ [直訳] 危機に陥る！

E

Einfach alles sinnlos.

全く意味ない。　直訳 とにかく全てが無意味なんだ。

F

Fühl´ mich hundeelend. ★1

惨めだなぁ…。　直訳 可哀想な犬の気分だ。

G

[Es ist] Zum Verzweifeln.

絶望的。　直訳 絶望しそうだ。

H

Nur noch essen und schlafen.

とにかく食って寝よう。　直訳 ただ食べて寝るだけ。

I

Da hilft nur noch Beten.

もう祈るだけだ。　直訳 もう祈りだけが助けになる。

J

Man fühlt sich total überflüssig.

お邪魔みたいだね。　直訳 自分が全く余計だと感じる。

K

Völlig ausgebrannt.

燃え尽きたよ。　直訳 完全に燃え尽きた。

MEMO

★1 ▶ hundeelend ⇄ hundsmiserabel とも言う。 → 今日とは異なり、グリム童話の時代には、「老犬」や「番犬」などが「不幸な動物」と見なされていた（日本語にも「負け犬」のような表現がある）。

振り返る

ERINNERTES

A

[Das war] Haarscharf! ★1

間一髪〈紙一重〉だったね！

□haarscharf スレスレ

Aber nochmal gutgegangen.

ギリギリセーフ。　[直訳] しかし今回も何とかうまくいった。

□aber しかし　□nochmal 今回も　□gut|gehen うまくいく

Sowas vergisst man nie.

あれは忘れられないね。

□sowas そういうこと　□vergessen 忘れる　□nie = never

B

War das schön!

あれは良かった！

C

Kann mich nicht erinnern.

ちょっと思い出せないなぁ。

D

Das gibt´s nur einmal.

もう二度とないね。　[直訳] これは一度しかない。

気持ち・感情の表現

E
Früher war hier alles anders.

ここは昔と全然違う。

F
Gut, dass es vorbei ist.

終わってよかった。

G
[Hach,] Schöne Erinnerungen!

いい思い出だ [なぁ]！

H
Die Zeit heilt alle Wunden.

時が癒してくれる。　[直訳] 時は全ての傷を癒す。

I
Das waren noch Zeiten!

あの頃は良かった！　[直訳] あれはまだいい時代だった！

J
Wann war das nochmal?

あれはいつだったっけ？

K
Das Gedächtnis lässt langsam nach.

記憶がちょっとあやしい。　[直訳] 記憶がだんだん薄れる。

MEMO

★1 ▶ Das war haarscharf!（間一髪〈紙一重〉だった）→ ドイツ語の直訳は「髪の
毛ギリギリの厚さだった」。時間的にも空間的にも使える表現。s Haar（髪の毛）
+ scharf (sharp) の造語。/ um Haaresbreite（直訳：髪の幅で）とも言う。
例：[Das wäre] Um Haaresbreite schiefgegangen.（それは、あわや失
敗するところだった）。なお、haarscharf は haargenau（極正確に・きめ細
かく）と同じ意味で使われることもある。

— 207 —

ほめる

LOB

Ⓐ

Bravo! [1]

すごい!

□ Bravo! ブラボー!

Gut gemacht!

よくできた!

□ gut よい □ machen なす

Wirklich gekonnt!

さすが! 直訳 真に上出来だ。

□ wirklich 実に □ gekonnt うまくできた

Ⓑ

[Das] Kann nicht jeder!

まねできないね! 直訳 誰もができることではない!

Ⓒ

[Absolut] Professionell!

プロ並みだ! 直訳 完全なプロフェッショナル!

Ⓓ

Hervorragend!

抜群! 直訳 抜きん出ている!

E

So muss es sein!

こうでなくちゃ! 直訳 こうであるべき!

F

Wunderbar!

素晴らしい! 直訳 *Wonderful!*

G

Weiter so!

その調子! 直訳 このまま先へ!

H

Hut ab!

脱帽だ!

I

Perfekt!

完璧だ!

J

Spitze!

最高!

K

Wirklich lobenswert!

ホントすごいよ! 直訳 本当に賞賛に値する!

MEMO

★1 ▶ Bravo! → 元はイタリア語の *bravo* (勇敢な・有能な・優れた)。

文句

KRITISIEREN

A

[Achtung,] Aufgepasst!

危ないぞ！ 　直訳 ［注意，］気をつけて！

□Achtung! 注意！ □aufgepasst 注意して

Sollte man besser lassen.

やめた方がいいな。 　直訳 やめた方がより良い。

□sollen するべき □besser むしろ □lassen 放っておく

Da kommt man in Teufels Küche. ★1

マズイことになるぞ。 　直訳 そうすると人は悪魔の厨房に入る。

□r Teufel = *devil* □e Küche 台所

B

Völlig inhaltslos.

中身がないね。

C

Echt stümperhaft.

かなり不細工だね。 　直訳 実に不細工な。

D

Quatsch!

デタラメだ！ 　直訳 ナンセンス！

気持ち・感情の表現

E

Etwas mehr Anstrengung bitte!

もう少し頑張って欲しい！　[直訳] もう少し努力をお願い！

F

Absolut unbrauchbar.

全く使えない。

G

Genial daneben!

見事に外れてる！　[直訳] 天才的に外れた！

H

Einfach nur hingehuscht, oder?

適当にやったでしょ？　[直訳] ただただズサンに済ませたでしょう？

I

Was für ein Krampf! ★2

ひどいもんだね！　[直訳] なんて痙攣を起こさせそうな物！

J

Eine Beleidigung fürs Auge <Ohr>!

目〈耳〉障りだ！　[直訳] 目〈耳〉への侮辱！

K

Kein Kommentar!

お粗末すぎる！　[直訳] 評価外！

MEMO

★1 ▶ Da kommt man in Teufels Küche.（悪魔の厨房に陥る）＝「マズイ結果に終わる」。→ 中世において「地獄」は「悪魔の厨房」と呼ばれ、そこは魔女や悪魔の手下が罪人を火炙りにすると信じられていた。

★2 ▶ r Krampf（痙攣）医。→ 転じて口語で「失敗作、または無駄な努力・結果・作品など」。

後悔

BEDAUERN

A

Schiefgelaufen.

オジャンになった。

□schief|laufen パーになる【口語】

Wirklich schade!

すごく残念！

□wirklich 実に □schade 惜しい

Leider nicht zu ändern.

もう元には戻らない。　[直訳] 残念ながら変えられない。

□leider 残念ながら □ändern 変更する

B

Sehr bedauerlich!

惜しい！　[直訳] とても嘆かわしい！

C

Hätte man vorher wissen müssen.

事前にわかれば良かったのに。

D

Was für ein Pech [auch]! ★1

ついてないな！

E

[War] Leicht daneben.

ちょんぼ。　直訳 軽く外れた。

F

Was ist, das ist ...

なるようになるさ…。　直訳 なっているようになっている。

G

Hätte nicht sein müssen.

やりすぎだよ。　直訳 こんなことになる必要はなかった。

H

[Das] War zu erwarten.

やっぱりこうなったか。　直訳 思った通りだった。

I

Der Super-GAU! ★2

最悪の結果！　直訳 ザ・メルトダウン！

J

Das war für die Katz! ★3

台無しだ！　直訳 猫のためのものだった！

MEMO

★1 ▶ s Pech (ピッチ・タール) → 昔、樽や木造船の防水加工に使われた黒色の樹脂。今日ではもっぱら Pech [haben] (不運 [に見舞われる]) という比喩的な表現で使われている。Pech は地獄の不気味さを連想させる物質でもある。

★2 ▶ r Super-GAU (原発の炉心溶融事故) → 転じて口語で「最悪の展開」。

★3 ▶ Das war [alles] für die Katz. ([なにもかも] 台無しになった)【慣用句】。
→ せっかくのご馳走が全部ネコに食べられてしまった。転じて「せっかくの苦労が全部台無しになった」。この慣用句では、e Katze (ネコ) の語尾の e が落ちている。

つい口にでる言葉

PRAKTISCHE FLOSKELN

A

Was ist das denn!?

ええ、何これ！？ 直訳 これは何なの!?

□was 何 □denn? いったい

Heiliger Bimbam! ★1

驚き、桃の木！ 直訳 聖なるビムバム！

□heilig = holy □r Bimbam → bim-bam (教会の鐘の擬音語)

[Ich glaub´,] Ich werd´ nicht mehr!

[まさか！] ショック！ 直訳 もう正気に戻れない[と思う]！

□glauben 信じる □werden (ここでは:) 正気に戻る □〜 nicht mehr 〜もう…ない

B

Leute gibt es!

変な人もいるもんだ！ 直訳 (変わった) 人がいる！

C

Ein herrliches Gefühl!

最高の気分！ 直訳 素晴らしい気分！

D

Wie Schuppen von den Augen.

目からうろこ。 直訳 目からうろこのような。

SZENE 7　気持ち・感情の表現

E

Man kann nicht alles wissen.

何もかも知っているわけじゃないよ。

F

Niemand ist ohne Fehler.

欠点のない人はいないから。　[直訳] 誰も欠点なしではありえない。

G

[Es ist] Noch Luft nach oben.

まだ改善の余地があるね。　[直訳] 上までなお大気（余地）が残っている。

H

[Das war] Ein Albtraum.

悪夢だ［った］。

I

Wer hätte das gedacht!

まさか、こんなことになるなんて！　[直訳] こんなこと誰が予想するでしょうか！

J

Völlig auf dem Holzweg! ★2

全くの勘違いだ！　[直訳] すっかり木材 [運搬] の道に [迷い込んでいる]！

MEMO

★1 ▶ Heiliger Bimbam!【驚きやショックを表す言葉】 → Heilige Maria! (聖マリ
ア様！) など、聖者にまつわる表現が民間の語呂合わせでユーモラスに変化した
もの。

★2 ▶ Auf dem Holzweg [sein]. (方向を誤っている・勘違いしている)。→ 森林
で伐採された木材を運ぶための r Holzweg (木材輸送用林道) を逆走すれば
必ず「行き止まりになる」に決まっている。

ことわざ 他

SPRICHWÖRTER etc.

A

Ein plötzlicher Geistesblitz!

ひらめいた！ [直訳] 突然の精神のひらめき！

□plötzlich 突然　□r Geistesblitz ひらめき

Schön auf dem Teppich bleiben!

調子に乗ってはダメ！ [直訳] しっかり絨毯の上に足元をキープして！

schön（ここでは）しっかり　□r Teppich 絨毯　□bleiben 留まる

Hochmut kommt vor dem Fall. ことわざ

驕（おご）れる者久しからず。 [直訳] 傲慢さは転落に先行する。

□r Hochmut 傲慢　□r Fall 転落

B

Torschlusspanik! ★1

遅すぎた！もうダメ！ [直訳] 閉門パニック！

C

[Das] Liegt wohl in der Familie.

うちの血筋かな。 [直訳] 家系的にそういう傾向があるかもしれない。

D

Aller Anfang ist schwer. ことわざ

最初から上手くはできないさ。 [直訳] 全ての始まりは難しい。

E

Wo ein Wille ist, ist auch ein Weg. (ことわざ)

やればできる。 直訳 意志あるところに道あり。

F

[Das ist] Höhere Mathematik!

凡人には無理！ 直訳 それは高等数学だ！

G

Liebe geht durch den Magen. (ことわざ)

美食は恋のマジック。 直訳 恋は胃袋を通して。

H

So ein Affentheater!

なんという猿芝居！

I

[Es herrscht eine] Bombenstimmung!

最高の盛り上がり！ 直訳 爆弾的気分 [が支配している]！

J

Ende gut, alles gut. (ことわざ)

終わり良ければ全て良し。

MEMO

★1 ▶ e Torschlusspanik → 中世都市では、市民を守るため夜間には城門が閉ざされた。深夜通行を希望した者にとって迷惑な手続きになった上、通過料まで要求された。r Torschluss（閉門時間）に間に合わないことはe Panik（恐怖）になった。ここからTorschlusspanikは「もう遅い・ラストチャンスを逃す心配」などの口語表現となった。例：Man bekommt langsam Torschlusspanik!（もう間に合わないかとだんだん心配になってきた）。／ Die beiden haben aus Torschlusspanik geheiratet.（あの2人はこれが最後のチャンスと思って結婚した）。

名詞のリスト

~~~~~~

本書で使われた単語の中から、日常使われそうな名詞を集めてみました。
名詞は他の品詞に比べ、意味が比較的安定しています。
ひとりごととしても気軽に使えるので、とりあえずの一言として覚えて
おくと便利かもしれません。

A

r Abendspaziergang	夜の散歩
r Abschluss	お終い / 締め
r Albtraum	悪夢
e Alternative	オルタナティブ
e Angst	不安
r Anlass	きっかけ
e Anstrengung	努力
e App	アプリ
s Arbeitsessen	ビジネスランチ
s Arbeitskleidung	作業服
e Arbeitslosigkeit	失業 [率]
r Arzt	医師
e Atmosphäre	雰囲気
e Aufnahmeprüfung	入学試験
e Ausleihe	貸出
e Aussicht	眺め
e Auswahl	セレクション

B

s Backen	ベーキング
e Bäckerei	ベーカリー
e Bahn	鉄道
s Bargeld	現金
e Baustelle	建設現場
e Beeilung	急ぐこと
e Behörde	役所
s Bein	脚

r Beitrag	貢献
r/e Bekannte	知り合い
e Beleidigung	侮辱
e Benotung	グレーディング
e Bergtour	山岳ツアー
r Beruf	職業
e Bescheinigung	証明書
e Besserung	回復
r Besuch	訪問
s Beten	祈ること
r Betrieb	賑わい / 営業
e Bettwäsche	シーツ / カバー類
r Beutel	袋
r Bewegungsmangel	運動不足
e Beziehung	関係
e Bitte	お願い
r Blick	視線
e Blume	花
r Blumenstrauss	花束
s Blut	血
e Blutabnahme	採血
e Bremse	ブレーキ
e Brille	眼鏡
s Brot	パン
e Brust	胸
s Buch	本
e Buchhandlung	書店
e Bude	屋台

C

s Campen	キャンピング
r Cholesterinwert	コレステロール値

D

e Datei	ファイル
d Daten	データ
e Diät	ダイエット
r Dirigent	指揮者
e Doku[mentation]	ドキュメンタリー
s Dokument	書類
r Dozent	講師
r Drucker	プリンター
r Dschungel	ジャングル
r Dünger	肥料

E

r Eindruck	印象
r Einkaufsbeutel	ショッピングバッグ
r Enkel	孫
e Entscheidung	決断
s Erdbeben	地震
r Erfolg	成功
e Erinnerung	記憶
e Erkrankung	病気
s Erlebnis	体験
e Erwärmung	温暖化
s Exemplar	部数

F

e Fachliteratur	専門文献
e Fahrkarte	乗車券
e Fahrt	ドライブ
e Farbe	色
r Fehler	間違い
r Fernkurs	通信講座
s Fernsehen	テレビ
s Fertiggericht	インスタント食品
s Feuer	火
s Feuerwerk	花火

e Firma	会社
s Fleisch	肉
r Flohmarkt	フリーマーケット
e Floskel	常套句
s Formular	記入用紙
r Fragebogen	アンケート
e Freizeit	余暇
e Freude	喜び
r Friseur	理容師
s Frühstück	朝食
r Führerschein	運転免許証
s Futter	餌

G

s Gartengerät	ガーデンツール
e Gärtnerei	植木屋
r Gast	ゲスト
r Geburtstag	誕生日
s Gedächtnis	記憶
s Gefühl	フィーリング
s Geld	お金
s Gemüse	野菜
s Geschenk	贈り物
s Gesicht	顔
e Gesundheit	健康
s Getränk	飲料
s Gewitter	雷雨
r Gipfel	山頂
s Glatteis	凍結
r Glückwunsch	お祝い
e Goldmedaille	金メダル
r Grad	グレード
e Größe	サイズ
r Grund	理由/地面
r Gürtel	ベルト
r Gutschein	クーポン

H

r Handschuh	手袋
s Handtuch	タオル

名詞のリスト

r Hauch	息	r Kinderhort	託児所
e Hausarbeit	家事 / 宿題	r Kindertag	子どもの日
e Hausaufgabe	宿題	e Kirschblütenfront	桜前線
e Hausmannskost	家庭料理	e Klausur	筆記試験
e Hecke	生垣	s Klebeband	ガムテープ
r/e Heilige	聖人	s Kleid	ドレス
r Helm	ヘルメット	e Kleidung	衣類
s Herbstwetter	秋の天気	r Klingelton	着信音
e Hilfe	ヘルプ	e Kneipe	飲み屋
r Himmel	天	r Kollege	同僚
r Hochzeitstag	結婚記念日	r Kommentar	コメント
e Höhe	高度 / 高さ	r Kompass	方位磁石
s Honorar	謝礼	e Konditorei	ケーキ屋
r Horror	ホラー	e Konferenz	会議
r Hut	帽子	e Konjunktur	景気
r Hygieneartikel	衛生用品	r Kontakt	コンタクト
		e Kontaktlinse	コンタクトレンズ
I		s Konto	口座
e Idee	アイディア	r Kopf	頭
r Imbiss	スナック	e Körpergröße	身長
r Impftermin	予防接種日	r Kot	糞便
r Ingwer	生姜	e Krankenversicherung	健康保険
s Interesse	興味	e Krawatte	ネクタイ
		r Kriminalroman	犯罪小説
J		e Krise	危機
s Jahresende	年末	r Kühlschrank	冷蔵庫
e Jahresendfeier	忘年会	s Kulturzentrum	文化センター
e Jahresmittte	年度の途中	r Kurs	コース
s Junge	[動物の] 子ども	e Kurznachricht	SNS
K		**L**	
e Kalligraphie	習字	r Ladenschluss	閉店時間
e Kantine	[社員] 食堂	e Ladestation	充電ステーション
e Kartenzahlung	カード決済	e Landschaft	風景
e Kartusche	カートリッジ	s Laufband	ランニングマシーン
r Kasten	箱	s Lehrbuch	教科書
e Katastrophenübung	防災訓練	r Lehrer	先生
e Katzenstreu	猫砂	e Leihfrist	貸出期限
s Kaufhaus	デパート	e Leistung	パフォーマンス
s Kind	子ども	e Lektüre	読書

d Leute	人々	s Netz	［インター］ネット
s Licht	ライト	e Neuigkeit	新着情報
r Liebeskummer	恋に悩む	e Neujahrskarte	年賀状
r Lieferservice	宅配サービス	s Nickerchen	居眠り
e Liste	リスト	e Niederlage	敗北
s Lob	称賛	s Niveau	レベル
s Lotterielos	宝くじ	r Notarzt	救急医
e Lust	やる気	r Notfall	緊急事態

M

r Magen	胃
s Maß	寸法 / 量
e Mautstraße	有料道路
s Medikament	薬
e Mieze	ニャンコ
e Mikrowelle	電子レンジ
e Milch	牛乳
s Mineralwasser	ミネラルウォーター
r Mist	肥料
s Mitglied	メンバー
r Mittag	正午
s Mittagessen	昼食
s Mittagsmenü	ランチメニュー
s Mittagsschläfchen	お昼寝
e Monatskarte	定期券
s Motorrad	オートバイ
e Mücke	蚊
r Müll	ゴミ
e Mülltrennung	ゴミの分別
r Musiker	音楽家

O

s Obst	果物
r Ofen	オーブン
s Ohr	耳
e Oma	おばあちゃん

P

r Papierkorb	くずかご
s Parfüm	香水
e Parkkarte	駐車券
r Patient	患者
e Pflicht	義務
r Pilz	キノコ
r PKW	車
e Planung	計画
e Plastiktüte	ビニール袋
e Produktivität	生産性
e Prüfung	試験
e Prüfungsfrage	試験問題
r Punkt	点
s Puppenfest	ひな祭り

Q

e Qualität	品質
r Quatsch	でたらめ

N

r Nachbar	近所の人
e Nachprüfung	追試
e Nachricht	通知
d Nachrichten	ニュース
s Nachtprogramm	深夜放送
s Namensschild	名札
s Navi	ナビ
r Nebel	霧

R

s Rad	車輪 / 自転車
r Radweg	自転車道
e Rechnung	請求書
s Recht	法

名詞のリスト

r Rechtsruck	右傾化	r Sonnenaufgang	日の出
e Reha	リハビリ	e Sonnenbrille	サングラス
e Reinigung	クリーニング	e Sonnenschutz	日焼け止め
e Reise	旅行	r Sonnenuntergang	日没
e Reiseplanung	旅行計画	r Sonntagsfahrer	日曜ドライバー
e Renovierung	改装	r Spaß	楽しみ / 冗談
e Rolltreppe	エスカレーター	r Spaziergang	散歩
r Rückweg	帰り道	r Spiegel	鏡
e Ruhe	静けさ	s Spiegelei	目玉焼き

S

s Salz	塩	e Spitze	先端
e Sandale	サンダル	r Sportklub	スポーツクラブ
r Schalter	スイッチ	r Sportler	アスリート
r Schauspieler	俳優 / 役者	e Sprachschule	語学学校
s Schinkensandwich	ハムサンド	e Spritze	注射器
r Schirm	傘	r Spruch	言い回し
r Schlafanzug	パジャマ	e Spülmaschine	食洗機
s Schlafzimmer	寝室	r Stammgast	常連
r Schluss	終り / 結論	r Staubsauger	掃除機
r Schlüssel	鍵	e Steigung	勾配
r Schnee	雪	e Stelle	地位
r Schritt	ステップ	e Stellensuche	職探し
r Schuh	靴	r Stempel	スタンプ
e Schule	学校	s Sternenfest	七夕
r Schüler	生徒	e Steuererklärung	確定申告
e Schuppe	鱗	e Stimmung	ムード
e Schwiegermutter	義母	e Stornierung	キャンセル
e Seife	石鹸	r Streichelzoo	ふれあい動物園
s Selbstgespräch	ひとりごと	r Streifen	ストライプ
e Sendung	放送	r/e Studierende	学生
r Senf	マスタード	e Stunde	時間
s Seniorenheim	老人ホーム	e Suche	検索
s Sesamöl	胡麻油		

T

s/r Silvester	大晦日	r Tag	日
e Sitzung	会議	e Tageskarte	一日乗車券
s Sommergeschenk	お中元	r Tankstelle	ガソリンスタンド
e Sommerhitze	夏の暑さ	s Taschenbuch	ペーパーバック
s Sonderangebot	特売品	s Taschentuch	ハンカチ
e Sonne	太陽	e Teepause	ティータイム
		r Tierarzt	獣医

r Ton	音
s Töpfern	陶器づくり
e Tortur	拷問
e Traube	葡萄
s Trauerspiel	悲劇
r Traum	夢
r Treffpunkt	集合場所
s Trinkwasser	飲料水
e Tube	チューブ

U

s Übergewicht	太りすぎ
e Übersetzung	翻訳
e Überstunde	残業
e Uhr	時計
r Umbau	建て替え
e Umleitung	迂回路
e Umwelt	環境
r Unfall	事故
e Uni	大学
s Untergeschoss	地下［室］
e Unterkunft	宿泊［施設］

V

e Verabredung	人に会う約束
e Veranda	ベランダ
r Verein	クラブ / 協会
e Verfassung	憲法
s Verhältnis	関係
r Verkehrsunfall	交通事故
e Verlängerung	延長
e Versicherung	保険
e Verspätung	遅刻
r/e Verwandte	親戚
s Videospiel	テレビゲーム
e Vorbereitungszeit	準備時間
r Vorhang	カーテン
e Vorsicht	注意
r Vortrag	講演

W

e Waage	計り
r Wagen	車
r Wahnsinn	狂気
r Wald	森
r Wandervogel	ワンゲル
e Ware	商品
r Wasserhahn	蛇口
e Wassertemperatur	水温
s Wattestäbchen	綿棒
r Wechselkurs	為替レート
r Weg	道
s Weihnachtsgeschenk	クリスマスプレゼント
e Weihnachtskarte	クリスマスカード
r Wettbewerb	競争
r Wettkampf	試合
s Wiedersehen	再会
r Wille	意思
s Wintergeschenk	お歳暮
e Wirtschaft	経済
r Wochentag	平日
e Wunde	傷
e Würde	威厳

Z

r Zahn	歯
e Zahnbürste	歯ブラシ
e Zahnpasta	歯磨き
e Zahnseide	デンタルフロス
e Zange	ペンチ
r Zeitplan	時間割
e Zeitung	新聞
r Zeitvertreib	娯楽
e Zensur	評価
s Zentrum	中心
e Zeremonie	セレモニー
s Ziel	ゴール
e Zusammenkunft	会合
e Zustellung	配達

名詞のリスト

著者略歴

HJ クナウプ（Hans-Joachim Knaup）

慶應義塾大学名誉教授。RADIO JAPAN/NHK WORLD で1984年より約20年間ドイツ語圏向け日本語講座を担当。元 NHK ラジオ「まいにちドイツ語」講師。著書に『聴いて、話すためのドイツ語基本単語 2000』（語研）『MP3 CD ROM 付き場面別ディアローグで身につけるドイツ語単語4000』『［音声 DL 付］わかる！ドイツ語 基礎文法と練習』（ベレ出版）『新独検対策４級・３級必須単語集』（白水社）他。

森 泉（もり いずみ）

慶應義塾大学名誉教授。著書に『CD BOOK しっかり身につくドイツ語トレーニングブック』『MP3 CD ROM 付き場面別ディアローグで身につけるドイツ語単語4000』『［音声 DL 付］わかる！ドイツ語 基礎文法と練習』（ベレ出版）『新独検対策４級・３級必須単語集』（白水社）他。

(音声の内容)

ナレーター：HJ クナウプ
タ　イ　ム：NATURAL　１時間43分　　SLOW　２時間29分

◉──カバー・本文デザイン　　都井 美穂子
◉──カバー・本文イラスト　　うてのての
◉── DTP　　　　　　　　ＫＤＡプリント株式会社

［音声DL付］ 毎日声に出してみる　ドイツ語ひとりごと

2023 年 05 月 25 日　　　初版発行

著者	**HJ クナウプ / 森 泉**
発行者	内田 真介
発行・発売	ベレ出版
	〒162-0832　　東京都新宿区岩戸町12 レベッカビル TEL.03-5225-4790 FAX.03-5225-4795 ホームページ　https://www.beret.co.jp/
印刷	モリモト印刷株式会社
製本	根本製本株式会社

ISBN 978-4-86064-723-0 C2084　　　　　　　　　　　編集担当　脇山和美